나는 회사 다니면서
강남 꼬마빌딩 지었다

월급쟁이
강남 건물주가
알려주는

나는 회사 다니면서
강남
꼬마
빌딩 지었다

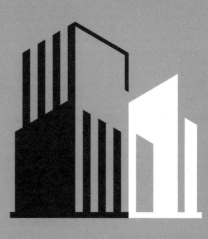

조르바 지음

두드림미디어

책 한 권에 당신의 미래의 꼬마빌딩을 꾹꾹 눌러 담았습니다.

월급쟁이의 5년간의 꼬마빌딩 투자 노트입니다.

급행열차를 타는 것입니다. 경제적 자유로 가는 부의 추월차선

쟁취할 수 있습니다. 인사고과가 아닌 돈 나오는 시스템

이론과 실전 둘 다 챙겼습니다. 꼬마빌딩 신축 노하우

건물을 사서, 짓고, 절세와 건물관리까지 A to Z

물려줄 수 있습니다. 돈이 아닌 돈 버는 방법

주인이 됩니다. 꼬마빌딩과 니 인생

지금부터 당신도 꼬마빌딩 건물주가 될 수 있습니다.

이 책이 나오기까지 많은 조언을 해주신 두드림출판사 대표님과 최윤경 편집장님께 감사드립니다. 항상 힘이 되어준, 사랑하는 아내와 아들 재민, 딸 지윤에게 고맙다는 말을 전합니다.

어느 날 조르바는
살구나무 묘목을 심고 있는 노인에게
묘목을 왜 심느냐고 물어봅니다.

노인이 대답합니다.
"나는 결코 죽지 않을 것처럼 삽니다."

그러자 조르바가 말합니다.

"나는 내일 죽을 것처럼 삽니다."

- 《그리스인 조르바》, 니코스 카잔차키스(Nikos Kazantzakis)

목차

PART 5. 꼬마빌딩 설계

PART 6. 꼬마빌딩 건축 준비하기

PART 7. 꼬마빌딩 시공

PART 8. 꼬마빌딩 임대와 관리하기

1

건물주가 되기 위한
준비 운동

월급쟁이, 은퇴 전에
돈이 나오는 시스템을 만들어야 한다

살면서 미쳤다는 말을 들어보지 못했다면
당신은 한 번도 목숨 걸고 도전한 적이 없던 것이다.
– W. 볼튼(William Bolton)

회사는 당신을 평생 보살펴주지 않는다

지금 다니는 직장에서 연차가 더해질수록 회사 생활에 길든다. 통근 버스로 회사에 실어다 주고 하루 세 끼 밥을 주며 월급날이 되면 통장에 월급이 입금된다. 이것의 무한 반복이다. 그렇게 평생을 다닐 수 있는 것처럼 착각에 빠지게 된다. 처음에는 누구나 임원이 되는 것을 상상한다. 정년까지의 근무도 상상한다. 하지만 지금부터는 꼭 기억해야 한다. 회사는 당신을 지켜주지 않는다. 특히 대기업의 경우, 현실은 더 냉정하다.

첫 번째 충격 : 잘나가는 대기업 임원, 하루아침에 퇴직 통보를 받다

Y상무의 마지막 퇴근을 잊을 수가 없다. 사원부터 차근차근 진급하면

서 말 그대로 회사에 인생을 바친 임원이다. 하지만 당해 실적 저조라는 이유로 하루아침에 바둑판에 놓인 바둑알처럼 버려졌다. 직장인의 사형선고인 퇴직 통보를 받은 것이다.

Y상무는 퇴직 통보를 받고 나서 커튼을 치고 창밖을 물끄러미 본 후, 서류 가방을 들고 나갔다. 마지막 한마디는 "오늘 먼저 갈게"였다. 대기업에서 별을 달았다는 임원의 마지막 말이었다. 남겨진 책상 위의 짐들은 마치 독거노인의 마지막 유품처럼 쓸쓸히 남았다. 승승장구하던 임원의 삶도 결국 회사가 끝까지 지켜주지 않았다.

두 번째 충격 : K부장, 희망 퇴직 후 배달과 운전기사 투잡을 하다

연구개발직에서 경력을 쌓은 K부장님은 희망퇴직을 신청했다. 정년 전에 대부분의 직장인은 희망퇴직으로 회사를 그만둔다. 여기서부터가 문제다. 희망퇴직 후 재취업할 곳이 많지 않다. 점점 줄어들고 있다. K부장의 퇴직 후 상황도 심각했다. 수십 년간의 회사 경력은 이미 단절된 채 시내버스 운전기사를 하면서 부업으로 이름만 들어도 알 만한 물류업체의 배달까지, 24시간 노동을 하고 있었다. 직업의 귀천을 이야기하는 것이 아니다. 꿈꿔왔던 은퇴 후의 자기 삶이 없었다.

회사에서 두 사건을 계기로 나에게 평생직장이라는 꿈은 사라졌다. 인생의 전반전은 운 좋게 대학 교육을 잘 받아 회사에 취직해 즐겁게 보내고 있지만, 후반전은 그야말로 무방비 상태였다. 대부분의 회사원의 삶이 그러한 것처럼.

직장생활의 후반전은 월급이 아닌 돈 버는 시스템에 집중해야 한다

지금 당신이 회사에 다니는 가장 큰 이유가 무엇인지 생각해보라. 일과 경력, 그리고 사회활동도 중요하다. 하지만 좀 더 현실적으로 다가갈 필요가 있다. 매월 나오는 월급이 우리의 발목을 꼭 붙잡고 있다. 실제로 직장인이 회사를 쉽게 그만 못 두는 이유는 월급 외에 현금흐름이 없기 때문이다. 퇴사와 동시에 수입이 중단된다. 안타깝지만 직장인의 냉혹한 현실이다.

그래서 나는 직장생활 후반전의 목표를 설정했다.

'회사의 월급에 의존하는 삶과의 이별.'

회사에서 받는 월급이 아닌, 내가 노력해서 구축한 시스템에서 매월 월급이 나오는 구조를 만드는 것이다. 현금이 나오는 시스템을 만들어야 한다. 하루아침에 직장에서 퇴직 통보를 받더라도 인생의 후반전을 돈에 구애받지 않고 내가 하고 싶은 일을 하면서 은퇴 후 삶을 자유롭게 사는 것이다.

02

돈이 들어오는 시스템을 통해
돈과 일을 모두 챙겨라

잠자는 동안에도 돈을 들어오는 방법을 찾지 못한다면
당신은 죽을 때까지 일을 해야만 한다.

– 워런 버핏(Warren Buffett)

 돈이 들어오는 시스템. 받는 월급 외에 매달 돈이 들어온다고 생각하니 매우 신이 난다. 그런데 막상 돈이 들어오는 시스템은 어디에 있을까? 머릿속에 떠오르는 것은 직장인들이 흔히 투자하는 재테크 상품들이었다.

 '주식 배당, 오피스텔 월세, 상가 월세…'

 평범한 월급쟁이 직장인이 생각하는 현금이 나오는 투자 종목들이었다. 투자 상품들을 잘 조합하면 내가 생각하는 돈 나오는 시스템을 구축할 수 있다. 그러나 돈이 들어오는 것도 중요하지만, 뭔가 더 중요한 것이 필요했다.

돈 버는 시스템을 통해서 은퇴 후 경제적 자유와 직업까지 만들어라

직장인의 삶에서 불변의 팩트는 언젠가는 회사를 나가야 한다는 것이다. 때로는 퇴사를 강요받는 시점도 올 것이다. 월급과 일이 동시에 없어지는 시점이 반드시 온다. 개인과 회사마다 약간의 차이가 있을 뿐, 대기업 기준으로 잘 버티더라도 결국은 55~60세 사이에 은퇴한다.

돈 나오는 시스템을 만들더라도 여생을 돈만 쓰면서 보내기에는 하나뿐인 인생이 아깝다. 회사에서의 일은 없어졌지만, 자신만의 끼와 재능을 발굴해서 계속 일을 해야 한다. 돈 나오는 시스템이 갖춰야 할 또 다른 요건은 바로, 나의 취미와 일을 동시에 할 수 있어야 하는 것이다.

결국 직장인에게 돈 버는 시스템이란, 단순히 통장에 현금이 들어오는 것만으로는 안 된다. 물론 이것두 어려운 현실이다. 하지만 시스템을 통해서 본인이 직접 일도 할 수 있으면 금상첨화다. 돈이 들어오는 시스템이 일이면서 사업이었으면 좋겠다고 생각했다.

'돈 버는 시스템을 내가 직접 만들어볼까?'

결국 '재테크 종목 중에 내가 주도적으로 할 수 있는 것이 있을까?'를 고민하다가 돈 버는 시스템을 직접 만들어보겠다는 엉뚱한 생각까지 하게 되었다. 투자에서도 소비자가 아닌 생산자를 선택한 것이다.

단순히 집을 사서 모으는 것이 아닌, 내가 직접 만들어내는 영역까지 올 수 있었던 이유다. 상가와 집을 짓는 꼬마빌딩 건물주로 향하는 첫걸음은 바로, 소비자가 아닌 생산자의 관점에서 돈 버는 시스템을 바라보는 것이다.

투자를 시작하기 전에
부자의 그릇을 먼저 키워라

안다는 것은
전혀 중요하지 않다.
상상하는 것이 가장 중요하다.
– 아나톨 프랑스(Anatole France)

주위에 휘둘리면 투자가 아닌 도박을 하게 된다

2017년, 가상화폐가 유행일 때 회사 지인들 말만 듣고 묻지 마 투자를 해서 크게 손해 본 적이 있다. 당시 가상화폐 시장의 분위기는 자고 나면 오를 정도로 뜨거웠다. 가상화폐에 투자를 안 하면 마치 세상에 뒤처지는 느낌이 들 정도로 열기가 뜨거웠다. 하지만 그때가 투자에서 가장 위험한 시기다.

투자 종목에서 제일 위험한 것은 주위 사람들이 추천하는 종목이다. 가격에 거품이 껴서 나한테까지 추천이 온 것이다. 돈을 담을 수 있는 그릇을 키우지 못하면, 필자의 묻지 마 가상화폐 투자처럼 한순간에 소중한 돈을 도박판에서 묻지 마 배팅을 하게 된다. 투자가 아닌 도박이다.

투자하기 전에 부자 마인드를 먼저 키워라

돈과 자산을 지키기 위해서는 본격적인 투자에 앞서 부자 마인드를 키워야 한다. 투자 종목과 재테크 방법은 인터넷이나 오프라인 강의를 통해서 배울 수 있다. 하지만 부자 마인드는 투자자 자신이 스스로 갈고 닦아야 한다. 필자가 생각하는 부자 마인드는 본인만의 투자 철학을 갖고 꿋꿋하게 투자하는 것이다. 또한, 욕심을 부리지 않고 항상 겸손하게 상황을 받아들이는 것이다. 한마디로 돌부처 같은 모습이다.

부자 마인드는 하루아침에 만들어지지 않는다. '매일 하는 것이 나를 만든다'라는 말이 있다. 좋은 습관을 조금씩 쌓아가면서 부자 마인드를 조금씩 키울 수 있다. 필자의 경우, 독서, 매일 경제신문 읽기, 부동산 투자 고수들과 지속적인 만남과 운동을 통해서 매 순간 부자 마인드를 연마하고 있다. 투자를 하는 동안에는 평생 간직하고 갈고닦을 생각이다.

① 독서

투자 지식과 부자 마인드를 둘 다 배울 수 있는 가성비 좋은 방법이다. 한상복 작가의 《한국의 부자들》에서 부자들의 취미를 조사한 결과, 1위는 독서였다고 한다. 부자들은 독서를 통해서 간접 경험을 쌓는다. 그리고 겸손함을 배운다. 독서를 통해서 다른 투자자들의 투자 마인드를 배울 수 있다. 다음은 내가 읽은 책 중에 멘탈 훈련 및 투자 마인드에 도움이 되는 책을 정리해보았다.

- **《그리스인 조르바》** - 니코스 카잔차키스(Nikos Kazantzakis)

주인공 조르바는 사업이 망해도 절망하지 않고 현장에서 춤을 춘다. 상황을 받아들이고 즐긴다. 투자를 할 때는 이처럼 돈에 너무 집착하지 않고 실패해도 다시 일어설 수 있는 열린 마음과 용기가 필요하다.

- **《부자 아빠, 가난한 아빠》** - 로버트 기요사키(Robert Toru Kiyosaki)

자본주의 시스템에서 부자가 되기 위해서는 근로자로 시작할지라도 최종 목표는 사업가와 투자가가 되어야 한다.《부자 아빠, 가난한 아빠》 시리즈를 보면서 자녀 교육, 투자, 사업에 관한 생각의 영역을 넓힐 수 있었다. 월급 받는 직장인에서 기업가, 투자자의 영역으로 넘어가야만 부자가 될 수 있다는 것을 깨닫게 해준 책이다.

② 경제 신문으로 새벽을 시작하기

경제신문 1면만 봐도 국내 및 세계 경제의 이슈와 흐름을 볼 수 있다. 과거의 데이터들이 계속 쌓이다 보면 본인만의 안목을 갖출 수 있다. 경제와 삶에 대한 인사이트를 조금씩 키워나가다 보면 투자의 타이밍과 리스크 관리에 대해서 자연스럽게 생각하게 된다.

③ 투자 고수들에게 지속적으로 노출되기

50조 부자이자 석유 사업가인 댄 페냐(Dan Pena)는 그의 저서《슈퍼 석세스》에서 이렇게 말했다.

"당신의 친구를 보여주면 당신의 미래를 보여줄 수 있다."

투자든, 사업이든 환경이 중요하다. 꼭 유명한 전문가가 아니더라도 주변을 찾아보면 오랫동안 투자해온 지인들을 찾을 수 있다. 나의 경우, 15년 넘게 부동산 투자를 해온 회사 부장님이다. 부동산 하락장과 상승장을 모두 경험하고 자수성가한 사람이라서 마인드도 남다르다. 부장님의 현실적인 조언과 과감한 실행력은 듣기만 해도 재테크 책 수십 권보다 더 도움이 된다.

④ 골프

골프는 자기 자신과의 싸움이며 멘탈이 특히 중요하다. 잠시라도 욕심을 부리면 경기를 망친다. 투자나 사업도 골프와 매우 닮았다. 다른 사람과의 경쟁 이전에 본인과의 싸움이다. 필자는 골프를 통해서 체력과 멘탈을 모두 훈련하고 있다.

꼬마빌딩 종잣돈을
부동산 투자로 마련하다

1억 원 만드는 것이 가장 어렵다.
– 찰리 멍거(Charles Munger)

종잣돈(Seed Money)은 투자를 시작하기 위해 필요한 최소 자본금으로, 투자 수익이라는 열매를 맺기 위한 씨앗이다. 직장인이 종잣돈 만들기는 생각만큼 쉽지 않다. 1억 원이라는 종잣돈을 만들기 위해서는 월 300만 원씩 3년을 저축해야 한다. 생활비를 제외하면 남는 것이 없는 직장인이 저축 외에 재테크를 할 수밖에 없는 이유다.

부동산 투자의 시작은 내가 살 집 한 칸부터 마련하기

신혼집을 수원시의 구축아파트에서 전세로 시작했다. 그 당시는 리먼 브라더스(Lehman Brothers) 사태 이후로 집값이 본격적으로 하락장으로 접어든 시기였기에 대출이 무서워서 저렴한 전세로 무려 4년 동안

전세로 살았다. 그런데 집주인이 재계약 조건으로 전세금 5,000만 원을 올려줄 것을 요구했다. 이는 당시 대기업 회사원 1년 치 연봉이었다. 이번 기회에 전세가 아닌 내 집을 산다면, 잦은 이사와 전세보증금의 급격한 상승에 따른 고민을 떨쳐버릴 수 있겠다는 생각이 들었다. 주택담보대출 금리도 낮고, 대출한도도 집 사기에 충분했다. 생애 첫 부동산 계약은 내 식구가 살 집을 구하면서 이루어졌다.

내 집 마련 후 부동산에 대한 마인드가 변하기 시작했다. 우리 아파트 단지 내 시세가 궁금해지기 시작했다. 각 동과 호수별로 매물이 나오면 얼마면 살 수 있는지 머릿속으로 그려보기 시작했다. 거래 시세와 전세 가격이 머리에 들어오기 시작했다.

소형아파트 갭 투자로 종잣돈을 본격적으로 모으다

몇 개월이 흘러 부동산 중개사무소에 감사 인사차 방문했을 때, 흥미로운 이야기를 듣게 되었다.

"매물로 나온 20평 아파트의 전세가격과 매매가격 차이가 현재 5,000만 원이다. 6개월 뒤에 전세 재계약 시 실투자금이 1,000만 원밖에 안 된다."

6개월 뒤면, 단돈 1,000만 원으로 20평 아파트를 살 수 있다니 믿을 수 없는 이야기였다. 근처에 대기업과 중소기업이 있어 전세 수요가 많아 현실성이 있어 보였다. 내 집 마련 이후 갭 투자로 생애 첫 소형아파트 계약이 순식간에 이루어졌다.

2012년 가을, 매매가격 1.6억 원의 소형아파트를 전세 1.1억 원을 끼고 실투자금 5,000만 원을 투자해 매수했다. 예상대로 6개월이 지나서 전세 재계약 후 최종 실투자금은 2,000만 원이 되었다.

자료 1 생애 첫 갭 투자 아파트(출처 : 저자 작성)

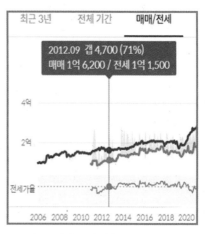

자료 2 전세 vs 매매가격(출처 : 호갱노노)

소형아파트 위주로 매매가격과 전세보증금의 차이가 작은 아파트를 추가로 매수해나갔다. 갭 투자에서는 전세 수요 체크가 필수다. 그때부터 계약한 갭 투자 아파트들은 꼬마 빌딩을 매수하기 전까지 장기 보유했고, 결국 종잣돈이 되었다.

입지 좋은 신축아파트로 실거주와 추가 대출의 두 마리 토끼를 잡다

2015년부터 부동산 가격의 상승을 견인한 것은 신축아파트다. 새 아파트의 수요와 인기에 아파트가격은 고공 상승했다. 수원의 광교 택지지구는 마지막으로 HDC아이파크와 중흥 힐스테이트를 분양 중이었다. 호수공원과 신분당선 교통 입지만 보더라도 수억 원의 시세차익이 예상되었다. 이미 2주택자였던 우리는 당첨이 될 리가 없었다. 생각을 달리해서 근처의 입주한 지 몇 년 안 된 신축아파트를 매수했다. 상승장에서 인근 구축아파트가 신축아파트의 상승가격을 따라가는 것에 주목했다.

실거주 아파트의 시세 상승으로 담보대출 한도도 커지고, 결과적으로 추가 자금 여력을 키워주었다. 꼬마빌딩 신축공사 할 때 예비비용은 우리가 거주하는 아파트 대출을 활용했다.

미계약물량 줍줍을 활용해서 종잣돈 만들기

'줍줍'이라고 불리는 무순위 청약은 청약통장이 필요 없다. 청약 조건 부적격자로 취소되었거나 자금 부족 등의 개인 사정으로 계약이 취소된 물건들을 추첨을 통해 받는 것이다. 부동산 상승장에서 입지가 좋은 아파트 분양권의 프리미엄은 계속 상승한다.

나는 회사에 연차를 내고 선착순으로 추첨하는 지방의 분양 현장을

자료 3 미계약분 추첨 현장 　　　　　　자료 4 미계약분 당첨 후 대기

내려가기도 했다. 당첨되면 수천만 원의 프리미엄이 붙는다는 판단이 있었기 때문이다. 특별한 기술이 없어도 부지런하게 노력한다면 누구나 할 수 있는 투자 방법이다.

　몇 번의 고배를 마시고 첫 미계약분 당첨이 되었다. 인천 부평구의 K 아파트다. 미계약분은 동호수가 안 좋은 물건들이 많기 때문에 초반에 당첨되어야 좋은 동호수를 선점할 수 있다. 미리 동호수의 우선순위를 머릿속에 정해놓고 있어야 한다.

05

꼬마빌딩 현장
고수들의 이야기를 듣다

절실함이 큰 사람을 만든다.
– 맹자(孟子)

어느 분야마다 경지에 오른 사람들이 있다. 우리는 그들을 고수라고 부른다. 꼬마빌딩 분야에도 고수들이 존재한다. 책, 신문, SNS에서 부동산 고수들을 간접적으로 만날 수도 있지만 진짜 고수는 현장에 있다.

《일생에서 한번은 고수를 만나라》에서 한근태 작가는 고수들의 삶에 대해서 이렇게 말한다.

"고수들은 고수들과 논다. 그러면서 하루하루 내공이 늘어난다."

아파트 투자에서 꼬마빌딩으로 전환하게 된 결정적인 이유에는 현장 고수들과의 만남이 있었다. 고수들과의 만남이 없었다면 단언컨대 아파트만 아는 부린이가 꼬마빌딩 신축까지 가는 것은 불가능했을 것이다.

강남 부동산 20년 베테랑

2017년, 강남구 일원동 소재의 구축아파트를 임장 후 3시간 만에 묻지 마 계약을 한 적이 있다. 지금과 마찬가지로 당시 강남 재건축아파트의 인기는 하늘 높은 줄 모르는 시기였다. 이런 분위기에 편승해서 재건축이 되려면 수십 년이 남은 구축아파트를 퇴근길에 처음 방문한 중개사무소에서 충동계약을 했다. 결국 다음 날, 계약을 해지하기로 했다.

계약 해지 방법을 찾고자 자포자기한 심정으로 인터넷에서 찾은 S부동산 중개사무소에 마지막으로 전화했다. 그렇게 부동산 멘토이자 강남 부동산 현장 고수와의 만남이 시작되었다. 당시 최 사장님의 조언이다.

"그 아파트는 개포동, 일원동 지역 물건 중에서 가치 순위가 제일 낮습니다. 일단 **대지지분도** 적고 소규모 단지라서 **추가분담금**이 높아 재건축을 하더라도 **사업성**이 낮습니다."

분양권 가치와 우선순위, 대지 지분 등 오랜 거래 경험으로 강남 아파트에 대해 잘 알고 계셨다. 결국 충동적으로 가계약한 아파트의 부동산 중개사무소와 최 대표님과의 협상을 통해서 손해 없이 계약을 해지할 수 있었다. 이렇게 강남 부동산 고수와의 우연한 만남이 시작되었고, 이후 꼬마빌딩 입지분석부터 신축, 임대까지 전 과정에 대해서 조언을 받을 수 있었다. 현장에서 꼬마빌딩 멘토를 만난 것이다.

꼬마빌딩 건축회사 대표

자수성가한 건축업자 정 대표님은 중대형 규모의 빌딩을 설계했고, 시공회사도 갖고 계신다. 현장에서 아파트와 꼬마빌딩 사이에서 여전히 갈팡질팡하고 하고 있을 때, 정 대표님은 나한테 이런 질문을 했다.

"강남에서 자네 명의로 된 대지 지분이 갖는 의미를 아는가?"

당시는 이해를 잘 못했다. 그런데 신축을 직접 해보니 대지지분의 가치를 알 수 있었다. 내 명의로 대지가 있으면 직접 건물을 지을 수 있다. 땅의 가치를 내가 직접 높일 수 있는 것이다.

정 대표님이 당시 해줬던 조언이다. 지금도 그 울림이 생생하다.

첫 번째, **부자가 되려면 결정 장애를 버려야 한다.** 빠른 결정과 실행만이 꼬마빌딩 신축사업에서 살아남을 수 있다. 스피드는 부동산 투자뿐만 아니라 사업에서도 가장 중요하다.

두 번째, **금융기관 도움 없이는 신축사업에 성공하기 어렵다.** 은행을 공동사업자로 생각해야 한다. 은행과 동업한다고 생각하고, 대출은 공동사업에 대한 투자금을 지원받는 것이다. 은행의 투자금에 대한 비용을 이자로 지불하고, 사업이 끝나고 대출을 상환하면 공동사업은 종료되는 것이다.

모두가 아파트에 환호할 때
꼬마빌딩으로 눈을 돌리다

처음에 엉뚱한 것으로 보이지 않는 아이디어라면
희망이 없는 것이다.
– 알버트 아인슈타인(Albert Einstein)

직장인에게 투자 상품의 끝물을 확인하는 좋은 방법이 있다. 회사 구내 식당에서 대기할 때 사람들의 대화를 잘 관찰해보는 것이다. 특정 투자 상품의 이야기가 집중되면 그 상품은 끝물이라고 보면 된다. 상황에 따라 부동산, 주식, 가상화폐가 다양하게 등장한다. 시장의 참여자들이 아파트 가격은 절대 안 떨어진다고 호언장담하면, 바로 그때가 최고점일 가능성이 크다.

아파트 열기가 뜨거워질 때, 꼬마빌딩 상승은 본격적으로 시작한다

우리가 개포동의 꼬마빌딩 투자로 발상의 전환을 하게 된 시점도 강남 아파트의 가격이 치솟고 있어 모두가 다 강남 아파트의 불패 신화를 이야기하며, 주변의 부동산 투자자들이 강남에 입성하 못한 것에 대한 아쉬움을 토로할 때였다.

아파트가격이 오른 다음 순서는 땅이다. 땅의 비중이 높은 꼬마빌딩의 가격이 상승하는 이유다. 부동산 시장 참여자의 대부분은 접근이 쉬운 아파트 거래를 하기에 아파트 거래가 활발해져 아파트가격이 먼저 상승하고, 상대적으로 가격대가 높고 매물이 적은 꼬마빌딩은 가격 상승이 천천히 반영된다. 아파트가격이 30% 상승하면, 꼬마빌딩도 동일 비율로 오른다. 비율은 동일하지만 절대적인 상승 분은 확연히 다르다. 꼬마빌딩이 자산가들에게 매력적인 이유 중 하나다.

또한, 부동산 대출 규제 정책도 한몫했다. 상승장에서 정부의 규제 정책은 주거형 부동산에 초점이 맞춰져 있기 때문에 수익형 부동산인 꼬마빌딩은 아파트에 비해 규제 적용 시점에도 차이가 있다. 직장인이 레버리지를 일으킬 수 있는 것이다. 실제로 우리가 신축한 개포동에서도 현장 인근의 신축아파트 가격이 먼저 상승하고 꼬마빌딩과 땅값이 순차적으로 상승했다.

아파트보다 꼬마빌딩이 좋은 이유

첫째, 꼬마빌딩은 임대수익을 통해 금리 인상 시기에도 리스크 관리가 가능하다.
아파트는 대부분 시세차익이 목표다. 꼬마빌딩은 지가 상승에 추가로 임대수익을 얻을 수 있다. 저금리 시대는 끝났다.

① 아파트의 경우, 임대소득이 거의 없기 때문에 금리 인상은 고스란히 임대인에게 비용 부담으로 다가온다.

② 꼬마빌딩은 올라도 임대소득이라는 현금흐름으로 하락장에서의 이자 비용 증가에 대해 리스크 헤징이 가능하다.

둘째, 투자자인 건물주가 직접 건축물과 땅의 가치를 높일 수 있다.

아파트는 한번 재건축이나 리모델링 사업을 하기까지 오랜 시간이 걸리고, 많은 사람들의 동의와 절차가 필요하다. 꼬마빌딩은 건물주의 결정으로 리모델링 및 신축이 가능하기에 내가 산 땅의 활용 및 가치 창출을 더 쉽고 빠르게 할 수 있다.

셋째, 꼬마빌딩은 부동산 투자 경험의 종합선물세트다.

상가주택의 경우 수익형 부동산인 상가와 주택을 동시에 임대 사업을 할 수 있다. 다양한 부동산에 투자하고, 관리하는 경험을 쌓을 수 있다. 꼬마빌딩 신축사업은 계약부터 신축, 임대 관리까지 부동산 투자의 A to Z를 경험할 수 있는 기회다.

넷째, 부동산 하락장에서 아파트보다 하방 경직성이 더 강하다.

꼬마빌딩은 아파트보다 하락장에서 하방 경직성이 강하다. 부동산 시장은 상승장이 있으면 반드시 하락장 또는 조정장이 온다. 금리 인상이 되면 돈의 가치가 올라가기 때문에 가상화폐, 주식, 아파트순으로 가격 조정을 받는다. 급격한 금리 인상은 아파트 시장의 심리위축으로 거래 절벽을 만든다. 오늘 실거래가격이 가장 높은 가격이 되는 상황으로 바뀐다.

 하지만 꼬마빌딩은 쉽게 사고팔 수 있는 아파트와 다르다. 거래액의 규모도 크고, 투자 목적이 단순 거래인 경우는 거의 드물다. 시세 상승도 아파트와 다르게 천천히 따라 오르고, 아파트가격이 요동칠 때도 꼬마빌딩의 가격은 높은 하방경직성으로 돈을 담는 그릇으로 인정받고 있는 것이다. 자산가들의 투자 1순위인 이유가 바로 이 때문이다.

강남의 저평가 지역,
개포동을 포커싱하다

우리의 삶이란 우리의 생각이
변화를 만드는 과정이다.
– 마르쿠스 아우렐리우스(Marcus Aurelius Antoninus)

강남 아파트에서 꼬마빌딩으로 투자 방향을 바꾸고 나서, 무엇부터 시작해야 할지 막막했다. 강남구의 노른자 지역인 삼성동, 압구정동, 논현동 같은 1급 지역은 2017년 당시에도 입지가 안 좋은 건물이 평당 1억 원 수준으로, 평범한 직장인이 접근할 수 없는 높은 장벽이었다. 그래서 나는 투자 금액 관점에서 현실적으로 접근이 가능한 곳과 무엇보다 저평가된 곳을 찾아다녔다. 그러다가 강남구의 끝자락에 있는 개포4동(구 포이동)을 발견하게 되었다.

개포동은 어떤 곳일까?

강남구 개포동은 1980년대 개포택지개발지구로 지정된 이후 강남구의 끝자락에 있는 서민들을 위한 주거 공간으로 형성되었던 곳이다. 이후 거의 30년간 방치되어오다가 재건축을 시작하면서 향후 2만 세대가 들어서는 강남의 미니 신도시급 주거지로 탈바꿈되고 있다.

자료 5 1981년 개포동 조감도(출처 : 서울역사박물관)

재건축 이전에도 사실상 개포동은 강남권 내에서 변두리 신세를 면치 못했지만, 재건축과 함께 그 입지가 새롭게 조명되었다. 실제로 개포동은 강남역, 삼성역, 잠실 등 강남 주요 지역과 쉽게 닿을 수 있는 입지를 갖추고 있다.

자연 친화적인 환경도 우수하다. 개포동을 중심으로 앞으로는 양재천이 흐르고, 뒤로는 대모산과 구룡산이 자리한 강남권 내 유일한 친환경 입지로 도심 속 쾌적한 주거 환경이다. 개포동은 생활 환경과 녹지, 교육, 그리고 신축 주거지까지 갖춘 강남의 마지막 금싸라기 땅이다.

꼬마빌딩이 밀집한 개포4동의 입지는 어떨까?

강남구 개포동에서 개포4동은 빌라촌과 상업지역으로 구성되어 있다. 원래 명칭은 포이동이었으나 개포동으로 편입되면서 개포4동으로 명칭이 바뀌었다.

지도로 개포4동을 보면 대단지 아파트, 산, 하천, 지하철 황금노선인 3호선/신분당선이 인접해 있는 것을 볼 수 있다.

꼬마빌딩이 밀집한 개포4동에 대해 입지 분석한 결과다.

자료 6 개포4동 입지 분석(출처 : 저자 작성)

강남 미니신도시 배후 상권

개포동은 재건축을 통해 2만 세대의 강남 소형신도시로 탈바꿈되고 있다. 주변 주거환경이 대폭 개선되고 인구 유입이 크기 때문에 개포4동의 상권도 지속해서 확대될 것으로 예상된다. 아직 지하철이 없어서 상시 유동 인구가 역세권 수준은 아니지만, 현재 위례과천선이 개포4동(구룡초, 삼호 물산 사거리) 쪽으로 지나가는 것을 논의하고 있는데, 확정되면 강남의 역세권 상업 주거지가 될 것이다. 개포4동 먹자골목 국악 거리로 활성화 중이다.

교육환경

개포4동에는 포이초등학교나 구룡초등학교가 있어 교육환경이 우수하다. 초등학교 학부모들이 가장 신경 쓰는 부분인 중학교 배정도 서울대치중, 도곡중, 언남중, 구룡중으로 배정이 가능해 학군이 우수한 편이다. 또한, 국립국악중·고등학교가 있어 전반적으로 교육 분위기 좋으며, 이에 따라 주거용 빌라의 수요도 풍부하다.

교통

강남역, 양재역으로 향하는 버스노선이 풍부해 강남 대부분 지역으로 출퇴근할 수 있다. 또한, 위례과천선의 하차 역을 논의하고 있다(구룡초교 앞, 삼호물산 사거리가 후보로 논의 중이나 미정).

자료 7 위례과천선(출처 : 국토교통부, 제4차 국가철도망 구축계획수립연구)

자연환경

개포4동은 양재천에 인접해 있고 구룡산과 맞닿아 있어 평상시에도 쾌적한 공기를 느낄 수 있는 친환경적인 주거지다. 가을에는 국악 거리의 은행나무 길에서 산책을 즐길 수 있다.

자료 8 국악 거리와 구룡산 전망

재개발

개포4동 주민 위주로 재개발을 추진하기 위해 종 상향 및 위례과천선 확정을 위한 주민 동의서를 진행하고 있다. 개포4동은 빌라의 노후도가 다른 낙후된 재개발 지역보다 낮지만, 최근 서울시가 추진하는 모아타운과 같은 재개발 활성화 정책들을 잘 활용하면 소규모 재개발이 될 가능성이 크다.

자료 9 개포4동 재개발 구역(가칭, 출처 : 저자 작성)

자료 10 연구 캠퍼스 대상지(출처 : 서울시)

풍부한 일자리

강남의 주요 일자리 지역으로 출퇴근하는 2~3인 가구의 수요가 풍부하다. 또한, 향후 양재동이 연구·개발 및 AI 혁신거점으로 조성될 예정이어서 일자리는 더 증가할 예정이다. 양재나들목 인근 양곡도매시장 부지에 양재 R&D 캠퍼스가 들어설 예정으로, 일자리가 지속해서 늘어나고 있다. 향후 주택의 임대 수요도 증가하고, 상권도 발전 가능성이 커질 전망이다.

꼬마빌딩과
친해지기

08

꼬마빌딩 투자에 대한
편견을 버려라

현명한 사람은 기회를 찾지 않고
기회를 창조한다.
– 프랜시스 베이컨(Francis Bacon)

평범한 직장인에게 꼬마빌딩은 다른 세상의 투자 이야기로 들릴 수도 있다. 금수저나 로또에 당첨이 되어야 가능한 투자로 생각한다. 월급 받아서 내 집 마련도 버거운 현실에서는 불가능하다고 생각한다. 하지만 부동산 투자를 꾸준히 한 직장인이라면 언젠가는 꼬마빌딩과 마주하게 될 것이다. 그런데 왜 꼬마빌딩은 일반인에게 어렵게 느껴질까? 단순히 비싸서만은 아닐 것이다.

필자도 처음 꼬마빌딩 투자를 시작할 때 온통 부정적인 생각뿐이었다. 그것은 당연하다. 생애 처음 하는 투자이기 때문이다.

직장인의 대부분이 가진 꼬마빌딩 투자의 선입견

항목	아파트	꼬마빌딩
1. 가격	• 자금 상황에 맞게 접근 가능함 (전세금을 레버리지로 활용해 투자 가능)	• 일반인이 접근하기 어려운 초고가
2. 규모/ 형태	• 소형, 중형, 대형평형으로 정형화됨	• 건물 규모가 정형화 되어 있지 않음 • 대지, 설계디자인 등 건물 형태가 다양함
3. 시장 투명성	• 인터넷이나 모바일 앱으로 시세조사 가능 • 부동산 중개를 통한 문의가 용이	• 인터넷을 통해서 가격 및 물건 파악이 어려움 • 건물 가치를 판단하기 어렵고 진입장벽이 높음
4. 현장 조사	• 아파트에 직접 방문해 조사 용이	• 세대 및 상가가 다수로 현장 조사 어려움
5. 자금 확보	• 주택 담보대출 • 대출 방법에서 특별한 것이 있을 것이다.	• 건물 담보대출 규모가 큼(수십, 수백억 원 규모) • 충분한 자기자본금이 없으면 대출 이자로 경제적 어려움에 처할 수 있음
6. 유지 관리	• 관리사무소 유지관리	• 건물주의 직접 관리가 필요(주차, 누수 등) • 시간과 비용이 많이 소요
7. 세금	• 재산세 • 종합부동산세(고가의 아파트만 해당)	• 재산세, 종합부동산세 세금 폭탄
8. 매입 방법	• 부동산 중개사무소 통해서 쉽게 매매	• 건물 매매가 복잡함 (세입자 명도 및 사업자 등록 등)

자료 11 꼬마빌딩 투자에 대한 선입견

사람들의 편견 때문에 보통 꼬마빌딩 투자는 아파트 투자에 비해 부동산 고수들의 투자 영역처럼 여겨진다. 하지만 우리가 처음 부동산 투자를 접했을 때를 떠올려보자. 부동산 역시 생소하고 어렵지만, 입지도 분석하고 현장 조사도 하면서 첫 계약까지 하게 된다.

꼬마빌딩 투자는 막연한 두려움 때문에 일반인에게 진입장벽이 높지만, 편견을 하나씩 파헤치고, 두려움을 넘어서는 순간, 꼬마빌딩 자산가로 가는 첫걸음이 될 것이다. 이 책에서는 어떤 방법을 통해 꼬마빌딩에 대한 편견을 격파해나갈 수 있는지 하나씩 알아볼 것이다.

09

꼬마빌딩을
아시나요?

어디를 가든지 마음을 다해 가라.

– 공자(孔子)

매월 꼬박꼬박 월세 받는 건물주의 삶은 월급쟁이 직장인들에게 로망이다. 직장인뿐만이 아니다. 최근 초등학생의 장래 희망 설문조사 결과 Top 5 안에 건물주가 포함될 정도다. 그런데 건물주라는 단어는 많이 들어서 알고 있지만, 막상 꼬마빌딩에 대해서는 자세히 모르는 사람이 많다.

2017년, 나는 강남구 개포동 현장에서 꼬마빌딩이라는 단어를 처음 들었다. 당시 필자에게는 테헤란로에 있는 대형빌딩이 아닌, 빌라촌에 있는 작은 건물 정도로만 어렴풋이 다가왔다.

꼬마빌딩이란?

실제로 꼬마빌딩에 대한 명확한 정의는 없다. 우선 부동산 현장에서 말하는 꼬마빌딩의 기준을 보면, 대략 층수를 기준으로 5~7층 이하의 건물을 말한다. 추가로, 건물 전체를 1인 또는 공동으로 소유하고 있는 일반 건축물 중 주 용도가 근린생활시설, 업무시설, 숙박시설이고, 연면적이 100㎡ 초과 3,000㎡ 이하인 건물로 보면 된다.

실제로 우리가 주변에서 쉽게 접근할 수 있는 꼬마빌딩의 형태와 특징을 살펴보자.

원룸 건물

원룸 건물은 다가구주택 또는 고시원을 생각하면 된다. 원룸 건물은 세대수가 많기 때문에 관리가 잘 안되면 공실 리스크가 있다. 또한, 관리 세대수가 많아 관리하는 데 시간이 많이 걸리고 민원이 많은 단점이 있다.

자료 12 원룸 건물　　　　　자료 13 다가구주택

상가빌딩

상가빌딩은 근린생활시설로 건물 전체가 상가로 구성되어 있다. 현장에서는 '통상가건물'이라고도 한다. 주거용 빌딩보다 대출 규제에 자유롭고, 임대료도 높은 편이다. 저금리 시대에 인기가 높은 꼬마빌딩 유형이다. 금리 인상기와 경기 침체 시에는 이자 비용과 공실에 대한 리스크를 고려해 투자해야 한다. 저금리 시대에 특히 인기가 높다.

자료 14 상가빌딩　　　　자료 15 카페거리의 상가주택

상가주택

상가주택은 상가빌딩인 근생건물과 주택이 혼합된 건물이다. 주로 카페거리에서 자주 볼 수 있다. 저층 상가는 카페나 음식점 등에 임대를 주고, 상층부는 주거용 빌라로 임대하는 형태다. 은퇴를 앞둔 직장인에게 최적의 투자 상품이다. 1층 상가에서 개인 사업을 하고, 주택에서는 월세를 받고, 최상층부에서는 실거주까지 할 수 있기 때문이다.

10

꼬마빌딩은
부동산 투자의 끝판왕이다

오를 때를 기다리는 것은 투기,
오르게 만드는 것은 투자다.
– 도널드 트럼프(Donald Trump)

꼬마빌딩은 부동산 투자에서 종합선물세트다. 주택과 상가를 모두 투자, 임대해서 시세차익과 임대수익을 얻을 수 있을 뿐만 아니라 실거주까지 가능하다. 한 번의 투자로 세 마리의 토끼를 잡을 수 있는 것이다. 부동산 투자자들에게 버킷리스트인 이유다.

꼬마빌딩은 땅을 소유하는 것이다

아파트, 빌라, 상가 투자는 결국 땅 위에 만들어진 건축물을 사는 것이다. 건물은 시간이 지나면 자산 가치가 떨어진다. 한마디로 감가상각(Depreciation,減價償却)된다. 반면, 땅의 가격은 꾸준히 상승한다. 땅은 새로 만들 수 있는 재화가 아닌, 생산요소이기 때문이다. 꼬마빌딩은 토지와 건물의 가격으로 전체가격을 정하지만, 토지가격의 비중이 월등히 높다. 꼬마빌딩은 땅을 사는 것이라고 생각해도 무방하다. 결국, 감가상각 되지 않는 땅이라는 좋은 자산을 소유하는 것이다.

자료 16 서울지역 꼬마빌딩 가격(출처 : 밸류맵)

임대소득이라는 현금흐름(Cash Flow)이 창출된다

상가나 빌라를 신축해서 월세를 통한 안정적인 임대소득이 나오는 시스템을 구축할 수 있다. 직장인의 로망인 경제적 자유를 얻는 강력한 수단이다. 인플레이션으로 돈의 구매력은 계속 떨어진다. 투자자들에게 월세가 나오는 꼬마빌딩이 주목받는 이유다. 주거용 꼬마빌딩의 경우, 금리 인상 시기에는 전세의 월세 가속화로 수익형 부동산의 장점은 더 커질 것이다.

투자와 실거주를 동시에 할 수 있다

다세대주택이나 상가주택 같은 꼬마빌딩은 주인세대에서 실거주하면서 동시에 임대가 가능하다. 은퇴 후 안정적인 노후 소득과 실거주를 모두 얻을 수 있다. 또한, 은퇴 후 개인 사업을 꿈꾸는 직장인에게 1층 상가는 사업장이 될 수도 있다. 직장인에게 최적의 투자 상품이다.

꼬마빌딩은 하락장에서 강하다

꼬마빌딩은 금융위기와 같은 부동산 침체기에서도 하방 경직성이 강하다. 실제로 2008년 금융위기 전후로 아파트를 매도하고, 수익형 부동산인 꼬마빌딩 매입 수요가 증가했다. 꼬마빌딩은 하락장에서도 가격이 완만하게 조정되면서 가격을 방어한다. 꼬마빌딩은 돈을 안전하게 담을 수 있는 안전자산이다.

11

왜 강남 꼬마빌딩은
넘사벽일까?

성공이란, 열정을 잃지 않고
실패를 거듭할 수 있는 능력이다.
– 윈스턴 처칠(Winston Churchill)

꼬마빌딩은 대지 위에 지은 소규모 건축물이다. 건축물의 가격은 시간이 지남에 따라 감가상각이 발생해서 가치가 떨어지지만, 땅의 가치는 계속 상승한다. 대한민국에서 땅의 가치가 가장 높은 곳은 단연 서울특별시이며, 그중에서도 부동산 투자자들의 로망은 강남구다.

강남 땅은 대한민국 부동산 중에서 희소성이 가장 크다

강남은 주택이나 상업용 건물을 지을 새로운 땅이 거의 없다. 풍부한 일자리 때문에 인구는 계속 유입된다. 유일한 방법은 기존 건물을 철거하고 짓는 것밖에 없다. 여기에 자산가들의 수요도 많아서 강남 꼬마빌딩의 희소성은 갈수록 높아진다.

실제로 최근 꼬마빌딩 거래 데이터를 보면, 꼬마빌딩 가치 상승에 따른 가격의 상승을 볼 수 있다. 서울 꼬마빌딩 평균 거래가격은 2020년 10월에는 58억 원 선까지 상승했고, 같은 기간 강남권 평균 거래가격은 31억 원에서 73억 원으로 두 배 이상 큰 폭으로 상승했다.

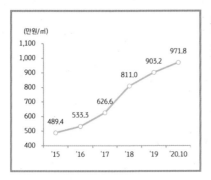

자료 17 서울 꼬마빌딩 면적당 거래가격
(출처 : KB금융지주 경영연구소)

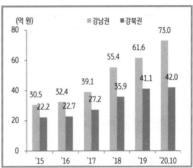

자료 18 서울 꼬마빌딩 평균 거래가격
(출처 : KB금융지주 경영연구소)

고급 일자리가 풍부하고 도심 개발의 압력이 높다

강남에는 그냥 일자리가 아닌 높은 연봉의 고급 일자리가 많고, 교통이 발달되어 있기 때문에 새로운 개발 호재가 풍부하다. 현대차 그룹의 GBC 사옥 및 영동대로 지하화 개발 그리고 잠실운동장 일대 개발은 향후 강남권개발의 핵심 사업이다.

자료 19 잠실운동장 일대 마스터 플랜(출처 : 서울시)

실제로 2019년 기준, 국세청에 근로소득 연말정산을 신청한 근로자 수를 조사한 결과, 강남구가 가장 높았다. 일자리가 많다는 것은 유입 인구가 많다는 것을 의미한다. 유입 인구가 많으면 상권도 자연스럽게 커지고, 거주의 편리성이 증대될 뿐만 아니라 꼬마빌딩의 지가 상승으로도 연결된다.

교육과 교통환경이 우수하다

강남 8학군 및 대치동 학원가 등이 밀집되어 있어 교육 환경이 우수하다. 자녀가 있는 학부모들이 대치동 학원가 인근의 아파트 또는 주택으로 이주하려는 수요가 많다. 강남구 대치동 인근의 아파트 매매가격과 전세가격이 높게 형성되어 있는 이유다.

또한, 지하철 2, 3, 7, 9호선 및 신분당선 등 지하철 황금노선이 강남 대부분을 지나고 있어 역세권 중심의 생활권이다. 특히 강남역, 삼성역은 노선의 환승이 잘되어 있어 서울 어디에서든 접근이 가능해 직장인에게는 출퇴근에 용이하다.

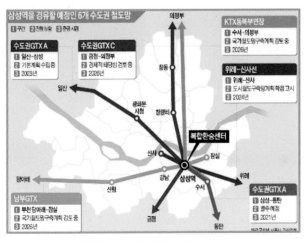

자료 20 삼성역 경유 예정인 6개 수도권 철도망(출처 : 국토교통부)

자산가들에게 최고의 안전자산이다

2008년 금융위기 때 아파트는 집주인들의 매도 물량이 쏟아지고 가격도 많이 내려갔다. 반대로 강남 꼬마빌딩은 수요가 꾸준히 증가했다. 안정적인 임대수익과 시세차익을 누릴 수 있어 자산가들에게 안전자산으로 인식되었기 때문이다. 지가 상승도 완만하게 우상향하기 때문에 자산가들에게 투자 수요가 높은 안전자산이다.

12

꼬마빌딩을 사려면
얼마 정도 자금이 필요할까?

위험은 당신이 하는 일을
모르는 데서 비롯된다.
– 워런 버핏(Warren Buffett)

서울에 있는 아파트 임장을 다니면서 강남구 개포동 부동산 중개사무소에서 처음으로 '꼬마빌딩'이라는 단어를 들었다. 그 당시에는 인터넷에서 흔히 볼 수 있는 금수저나 연예인 또는 보통의 직장인들보다 현금흐름이 월등히 좋은 자산가들만 하는 다른 세상의 투자로만 생각했다. 그래서 우리가 가진 투자금으로 살 수 있는 꼬마빌딩이 있을지 갑자기 궁금했다.

꼬마빌딩 투자 비용은 매입 방법에 따라 달라진다

꼬마빌딩을 매수하는 데 필요한 자금 규모는 꼬마빌딩을 매입하는 지역과 매입해서 활용하는 방법에 따라 달라진다. 구축 건물을 매입해서 임대하는 방법은 건물 가격이 비용의 대부분을 차지하지만, 리모델링 또는 구축을 사서 신축하는 방법은 공사비가 추가로 필요하다. 각각의 경우에 필요한 자금 규모와 금융권의 대출 방법도 다르다. 꼬마빌딩 신축의 경우, 부동산 건설 사업의 개념으로 금융권으로부터 건축비와 토지비 모두 대출을 받을 수 있다.

구축 건물 매입 : 임대보증금과 월세를 체크해라

기존 건물의 대출금액을 확인하기 전에 임대보증금과 임대료를 꼼꼼히 확인해야 한다. 이후 은행을 통해서 건물의 감정가격과 대출 가능 금액을 탁상감정*을 통해 대략적으로 파악할 수 있다. 건물 매입가에서 대출 가능 금액, 임대보증금, 취득세·등록세를 제외하면 꼬마빌딩 매수에 필요한 금액이 산출된다. 또한, 매월 받는 월세로 대출 이자와 유지비용을 낼 수 있는 꼬마빌딩을 선택해야 한다.

*탁상감정
매물을 직접 보지 않고 책상에서 감정가를 매기는 것

꼬마빌딩 신축 : 총사업비의 30% 이상의 자본금을 확보해라

신축의 경우, 매입 후 건물의 가치를 높이기 위해 공사를 하기 때문에 공사비라는 추가 비용이 필요하다. 신축은 은행에서도 사업으로 보기 때문에 건축사업을 하기 위한 토지비와 실제 시공하는 건축비 모두 대출이 가능하다. 통상적으로 꼬마빌딩을 신축하는 경우, 대출상품은 금융권마다 다르지만, 토지 감정가의 70%, 건축비의 50% 내에서 대출할 수 있다. 전체 대출금액이 토지의 감정가격을 초과하지 않는 범위에서 은행과 대출규모에 대한 협의가 가능하다.

꼬마빌딩 신축사업의 경우 자기 자본금은 총사업비의 최소 30% 이상을 확보해야 한다. 건물 가격이 20억 원, 건축비가 10억 원일 경우 부대비용(총사업비의 10%)을 포함하면 총사업비는 33억 원이 필요하다. 이 경우, 자기자본금(equity)은 총사업비의 30%인 최소 10억 원은 있어야 신축을 시작할 수 있다는 이야기다.

지역마다 토지비와 건축비가 다르므로 절대적인 필요금액보다는 총사업비에서의 비율로 접근을 보수적으로 하는 것이 안전하다. 실제로 경험상 총사업비의 40% 수준으로 자기 자본금을 보유하는 것이 안전하다. 신축사업 중에 추가 요구사항 등이 발생할 수 있고, 이는 건축비의 증가로 연결될 수 있기 때문이다. 초보 건축주라면 본인이 세우는 자금 계획이 완벽할 것이라고 맹신하면 안 된다. 최대한 보수적으로 자금 계획을 세워야 한다.

최초 계획보다 자금이 부족한 건축주의 경우, 신축 후 임대보증금으로 건축비 잔금 등의 사업자금을 먼저 확보하는 것도 방법이다. 단, 전·월세 임대료를 계산할 때는 미래의 예상치가 아닌, 현재의 시세로 잡는 것을 권한다. 신축 후 실제 임대료는 현재의 시세보다 보통은 높게 형성되나 임대 시장은 매월 가격과 수요가 변화하기 때문이다.

꼬마빌딩 신축할 때 토지비와 건축비, 둘 다 대출이 가능하다

꼬마빌딩을 신축할 때 은행 대출은 일반적으로 1금융에서 진행하는 저금리 주택담보대출과 2금융에서 진행하는 건축자금(Project Financing) 대출, 두 가지 경우를 고려할 수 있다. 대출 필요자금이 많지 않고 자금 여력이 있다면, 저금리 1금융을 활용하는 것이 가장 좋다. 은행은 최소 두세 군데에 연락해서 대출 가능금액 및 금리를 확인해야 한다. 1금융권 대출은 금리는 낮지만 대출한도는 2금융에 비해 적다. 건축주의 자기자본 비율이 토지비와 건축비를 합한 총사업비의 최소 50% 이상을 보유하고 있어야 가능한 방법이다.

건축주의 자금 여력이 많지 않을 경우, 건축자금(PF)대출 활용을 권한다. 건축자금(PF)대출은 매입할 토지대금과 건축자금을 대출받는 형태로 토지 매입대출은 토지 잔금 때 실행되고, 건축자금은 건축의 50% 공정이 마무리될 때(보통 골조공사 완료 시점) 지급된다. 지급 방식은 은행의 정책에 따라 다르기 때문에 대출 상담 시 꼼꼼하게 체크해야 한다. 건축자금대출은 총사업비의 30%는 건축주가 최소한 자금을 확보해야 실행할 수 있는 방법이다. PF대출의 경우, 대출금리가 1금융보다 최소 1~2%는 높다. 준공 후에는 저금리의 1금융 은행으로 대환 대출을 통해서 금융비용을 낮추는 방식을 권한다.

13

꼬마빌딩도
출생기록부가 있다

부자는 투자를 먼저 하고 남은 돈을 쓰지만,
빈자는 먼저 쓰고 남은 돈을 투자한다.

— 짐 론(Jim Rohn)

　꼬마빌딩 또는 신축할 땅을 매입할 때 가장 먼저 확인해야 하는 것이 있다. 바로, 건물과 토지의 역사를 꼼꼼하게 체크하는 것이다. 소유주부터 시작해서 땅과 건물의 기본적인 사항을 확인해야 한다. 특히 신축을 고려하는 건축주는 사업부지의 현황 파악이 핵심이다. 사업 시작 전에 얼마나 꼼꼼하게 검토하느냐에 따라 이후 진행되는 계약 및 시공 과정에서 발생할 수 있는 사고 발생의 리스크를 줄이고, 사업을 순탄하게 진행시킬 수 있기 때문이다.

　꼬마빌딩 신축을 위해 매입한 신축 건물을 처음 임장할 때 우리는 땅값을 듣고 깜짝 놀랐다.

　"여기 대로변은 평당 5,000만 원은 줘야 계약이 될 것입니다."

"네? 평당 5,000만 원이요?"

5,000만 원이면 그 당시 회사에서 대리급 직원의 연봉 수준이었다. 고작 땅 1평이 말이다.

자료 21 개포동 신축 건물 현장 사진

도대체 어떤 건물인지 궁금했다. 허름한 건물이 땅값만 30억이 넘어 간다니 믿기지 않았다. 그런데 나에게는 건물에 대한 정보가 단 하나도 없었다. 부동산 중개사무소에서 알려준 예상 평당 땅값과 현장에서 내가 찍은 사진이 전부였다. 그때 옆에 계시던 부동산 중개사무소 사장님으로부터 새로운 단어가 들렸다.

"건축물대장을 보니 위법사항도 없고, 등기부등본에 소유권 관계도 문제가 없는 건물이다."

건물도 사람처럼 처음 지어지면 관할 구청에 출생신고를 한다. 또한, 중간에 변경사항도 계속 업데이트된다. 건물 정보도 문서로 관리된다. 꼬마빌딩의 역사를 알려면 관련된 공적장부를 봐야 하는 이유다. 건물을 매입하거나 신축을 계획 중인 예비 건축주는 반드시 확인해야 할 문서들이다.

꼬마빌딩 필수서류, 어떤 것들이 있을까?

등기사항전부 증명서(등기부등본)

해당 건물 및 토지가 정확히 어디에 위치하는지 '주소(표제부)'를 통해서 확인하고, 누구의 소유인지는 '소유자(갑구)'를 통해서 확인한다. 가장 중요한 권리관계나 근저당은 '을구'에서 확인하면 된다. 발급은 주민센터, 구청에서 발급 가능하며, 인터넷은 대법원 인터넷등기소(www.iros.go.kr)를 통해서 발급받을 수 있다.

건축물대장

자료 22 건축물대장(신축 전 건물)

관심 부지에 건축물이 있을 경우, 건축물대장을 통해 현재 건축물의 대지 위치, 건축면적 및 각 층별 건축물 현황을 파악할 수 있다. 또한, 해당 건축물에 위반 건축 현황이 있는지 확인할 수 있다. 위반 건축물은 매년 강제이행금을 납부해야 되기 때문에 건물 매입 시 반드시 확인이 필요하다.

토지대장

토지의 소재지, 지번, 지목, 면적, 개별공시지가 등을 확인할 수 있다. 토지대장을 볼 때 등기부등본에서 확인한 소유주와 동일한지 먼저 확인해야 한다. 그다음, 면적과 지목 등을 확인하면 된다.

토지대장에서 눈에 띄는 것은 개별 공시지가였다. 땅값이 얼마나 올랐는지가 궁금했다. 5년 사이에 공시지가가 20% 정도 상승한 것이 보

자료 23 토지대장

였다. 땅값이 20%만 상승해도 최소 연 4%의 투자 수익률은 보장받는 것이다.

토지이용계획확인원

토지이용계획확인원에서는 용도 지역과 다른 법령 등으로 제한이 있는 사항에 대해서 확인할 수 있다. 정확한 건폐율이나 용적률은 기입되어 있지 않기 때문에 건축물대장을 통해 확인해야 한다. 또한, 해당 부지의 개별 공시지가도 확인할 수 있어 연도별로 지가 상승 추이도 파악이 가능하다.

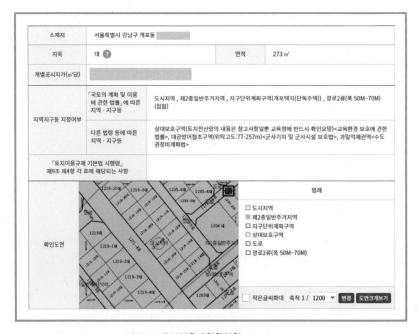

자료 24 토지이용계획확인원(출처 : 토지이음)

토지이음(www.eum.go.kr)을 통해서 토지이용계획을 확인할 수 있다.

해당 토지의 건폐율, 용적률 등도 알기 쉽게 그림으로 설명해주고, 해당 토지의 이용에 대한 대략적인 사항을 확인할 수 있다. 덕분에 향후 신축할 때 건축주가 매입할 신축 건물의 부지 위에 어느 정도 규모의 건물을 지을 수 있을지 미리 그림을 그려볼 수 있다.

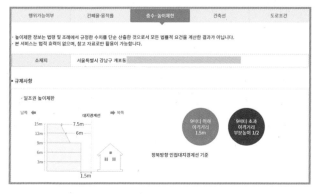

자료 25 층수, 높이 제한(출처 : 토지이음)

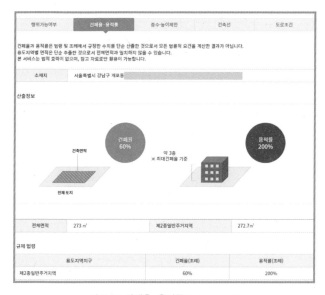

자료 26 건폐율, 용적률(출처 : 토지이음)

지적도

지적도가 알려주는 사항은 토지의 형상, 도로와 접한 상태, 인접필지와의 관계다. 토지이용계획확인원에 표기된 지적도가 표시되어 있어 확인이 가능하다. 지적도상의 도로와 현장의 도로 너비가 일치하는지 반드시 확인해야 한다. 지적도는 인터넷 발급보다는 해당 지자체에서 직접 발급받을 것을 추천한다. 개인 출력 시 오차가 발생할 수 있기 때문이다.

자료 27 지적측량 결과부(출처 : 한국국토정보공사)

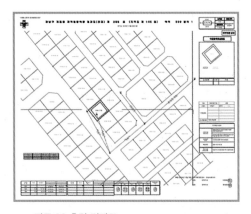

자료 28 측량 결과도(좌표, 출처 : 한국국토정보공사)

건물의 출생서류를 알면 신축사업의 사업지 현황표를 만들 수 있다

향후 건축사무소를 통해 상세 검토하기 전에 건축주가 사전에 사업 부지 현황표를 만들어 사업부지에 대해 이해하고 본격적인 설계 단계에서 도출되는 설계 정보와 비교를 통해 실수를 줄일 수 있다. 다음은 우리가 신축 건물의 공적장부 확인을 통해 작성한 건물 현황표다.

개포동 신축 사업부지 현황표			
소재지	강남구 개포동 OOOO - OO		
면적	273㎡		
지목	대		
용도지구	제 2종 일반주거지역		
건폐율	법정 60%		
용적률	법정 200%		
구축 건물 현황	건축 개요	층수	면적 (㎡)
		지하 1층	187.5
		지상 1층	105.79
		지상 2층	120.95
		지상 3층	122.12
		지상 4층	104.49
	건축 형태	근린상가	
	건축 구조	철근 콘크리트	

*대 : 주택 및 사무실과 극장등의 건물을 건축하는 토지

자료 29 개포동 신축 건물의 부지 현황표(출처 : 저자 작성)

14

나와 인연인 꼬마빌딩이
운명처럼 나타나다

군자는 기회가 없다고
불평하지 않는다
– 랄프 왈도 에머슨(Ralph Waldo Emerson)

필자의 경우, 강남구 개포4동의 꼬마빌딩을 3개월 동안 샅샅이 보고 다녔다. 인터넷에 올라온 물건 중에서 실세로 거래가 가능한 매물은 다섯 개도 채 안 되었다. 우리는 매물로 나온 건물을 실제 방문해서 구역별로 특징과 가격대를 꼼꼼하게 기록했다. 그런데 위치가 좋고 마음에 들면 가격이 너무 비싸고, 집주인이 무리한 요구를 하는 경우가 대부분이었다. 우리가 원하는 꼬마빌딩은 시장에 쉽게 나오는 흔한 부동산이 아님을 실감했다.

상속 물건은 급매 중의 급매일 가능성이 크다

그렇게 잠시 개포동을 잊고 회사에 출근해서 일하고 있었다. 부동산 중개사무소에서 급하게 전화가 왔다.

"좀처럼 나오지 않는 좋은 위치의 건물이 매물로 나왔습니다. 지금 당장 개포동에 오셔서 물건을 확인해보시는 게 좋겠습니다."

부동산 중개사무소 사장님에게 해당 건물의 지번을 들었을 때, 대략적인 위치가 떠올랐다. 임장하면서 눈여겨본 국민은행 삼거리에서 먹자골목의 도로변에 위치한 건물이었다. 그런데 얼핏 들어보니 원래 주인 할아버지의 상속자들이 파는 물건이었다. 순간, 시세보다 싼 급매라는 생각이 들었다. 보통 상속 물건은 상속세를 납부하기 위해 급매로 나올 가능성이 크기 때문이다. 그동안 매물을 내놓았던 건물주들은 보통 마음에 들어 산다고 하면 가격을 올리기 일쑤였다.

해당 건물 인근 꼬마빌딩의 실거래가격을 알아보았다. 면적이 동일한 바로 옆 건물의 1년 전 거래가격보다도 5억 원이 더 저렴했다. 당시는 부동산 상승장이었기에 꼬마빌딩 매물을 찾기도 어려운 상황에서 특히 강남의 꼬마빌딩을 1년 전의 가격으로 살 수 있다는 것은 상상할 수도 없었다. 예상대로 진짜 급매물이 나온 것이다. 3개월간의 현장 임장 결과물은 운명처럼 나타났다.

꼬마빌딩 현장에서 내가 원하는 물건은 절대로 쉽게 나타나지 않는다. 아주 우연한 기회에 나타난다. 그때 내 물건으로 만드는 것이 중요하다. 그러려면 미리 준비가 되어 있어야 한다.

꼬마빌딩을 살 때는
부가가치세를 내야 한다

모든 것이 되려고 애쓰는 사람은
아무것도 되지 못한다.
– 보도 섀퍼(Bodo Schafer)

계약금을 입금하고 최 대표님과 만나 양재천을 산책했다. 아직 벚꽃
은 피지 않았지만, 따뜻한 봄의 기운을 느낄 수 있었다. 우리가 진짜 강
남 꼬마빌딩의 건물주가 될 수 있을지 막막한 두려움이 앞섰다. 하지만
양재천 경치도 잠시, 최 대표님은 우리에게 새로운 숙제를 꺼냈다.

사업자를 꼭 등록해야 하는 가장 큰 이유는 바로 세금이다

"최종 계약 전에 사업자 등록해야 하시는 건 아시죠?
"네? 사업자 등록이요?"

아파트 계약처럼 최종 잔금만 내면 끝나는 줄 알고 있던 우리는 난감

했다.

꼬마빌딩을 살 때는 아파트처럼 취·등록세 등의 세금을 내야 한다. 그런데 아파트와 다른 점은 상가나 상가건물의 경우, 부가가치세도 내야 한다. 커피 한잔을 마셔도 부가가치세가 붙는 것처럼, 상가나 사무실도 재화의 공급으로 보기 때문에 부가가치세를 국세로 납부해야 한다. 하지만 가격이 수십 억 원 단위인 강남 건물은 부가가치세도 수천만 원에서 수억 원이 되기 때문에 적은 금액이 아니다. 절세 방법이 있다면 최대한 활용해야 한다.

사업자 종류에 따라 부가가치세 규정이 다르다

부가가치세 발생 형태에 따라 사업자는 일반과세자, 간이과세자, 면세사업자로 구분된다.

일반과세자

연간 매출액이 4,800만 원 이상인 사업자 대상이다. **일반과세자는 취득 시 건물 공급가액의 10%를 환급받을 수 있다.** 또한, 보유 시 임대보증금 이자 상당액 및 임대료에 대한 10% 부가가치세를 6개월 단위로 납부 및 세금 계산서를 발행해야 한다. 마찬가지로 건물 양도 시에도 건물 공급가액의 10%만큼 부가가치세가 발생한다.

간이과세자

연간 매출액이 4,800만 원 미만인 사업자가 대상이다. 연간 매출액이 2,400만 원 미달이면 부가가치세 납부를 면제받지만, 부가가치세는 신고해야 하고, 소득세도 별도로 신고해야 한다. 취득 시 건물 공급가액의 10% 부가가치세를 환급받을 수 없으며, 대신 환급받지 못한 부가가치세는 자산의 취득원가에 포함된다. 보유 시 임대료에 대한 세금 계산서를 발행할 수 없으며, 임대료와 임대보증금 이자 상당액에 대한 3% 부가가치세를 납부해야 한다. 일반과세자와 달리, 거래 상대방에게 징수할 수 없다. 양도 시에는 역시 건물 공급가액의 3% 부가가치세가 발생하며, 포괄양수도 계약으로 생략할 수 있다.

면세사업자

면세사업자는 부가가치세가 완전히 면제되는 사업자다. 면세품목을 공급하는 경우에는 거래 상대방으로부터 부가가치세를 받지 못한다. 취득 시 건물 공급가액의 10% 부가가치세 환급을 받을 수 없고, 환급받지 못한 부가가치세는 자산의 취득원가에 포함된다. 보유 시 임대료에 대한 세금 계산서를 발행할 수 없고, 징수도 할 수 없으며 당연히 부가가치세 납부 의무도 없다. 양도 시 건물 공급가액에 대한 부가가치세가 발생하지 않으며, 당연히 세금 계산서도 발급할 필요가 없다.

사업자로 등록할 경우, 신규로 추가되는 것은 정기적으로 각종 세금 신고와 사업장 현황 신고를 해야 한다.

구분	내용	업무 주기
원천징수	직원 고용	매월
4대보험료	임직원에게 보수 지급	매월
부가가치세	임대료 및 전세보증금	개인 반기, 법인 분기
사업장현황신고	면세사업자가 사업 (면세 수입금액 및 사업장현황신고)	다음 해 2월 10일
종합소득세	상가임대소득 발생 개인은 종합소득세, 법인은 법인세	다음 해 5월
양도소득세	상가를 양도	예정신고 양도 말일 ~2월 확정신고 다음 해 5월

표 1 사업자가 해야 할 업무

꼬마빌딩도 아파트처럼
KB(국민은행) 시세가 있을까?

집중력은 자신감과 갈망이
결합해 생긴다.
– 아놀드 파머(Arnold Daniel Palmer)

꼬마빌딩을 임장하면서 가장 어려웠던 점은 가격의 적정성이다

매입하려는 꼬마빌딩의 가격이 과연 적정한가 하는 것은 꼬마빌딩 투자자뿐만 아니라 부동산 투자를 하는 모든 사람들의 고민거리다. 아파트는 시세나 거래가격을 인터넷이나 부동산 앱을 통해서 쉽게 알 수 있다.

하지만 꼬마빌딩은 대부분 최근에 거래되었던 건물 가격을 기준으로 판단한다. 그 가격보다 낮으면 부동산 중개사무소에서는 가격이 괜찮다고 하는데 기준이 명확하지 않다. 일생에 한 번 살까 말까 하는 건물의 가격을 그렇게 판단해도 되는 것일까? 대체 얼마가 적정 가격일까? 하지만 주변에 거래된 한두 건의 건물 가격이 기준이 되는 것이 현실이다. 적정가격을 판단하는 것은 건물의 매도자와 매수자 모두에게 어려운 일이다.

은행은 무엇을 기준으로 꼬마빌딩의 가격을 평가할까?

꼬마빌딩의 적정가격을 건물주보다 더 궁금해하는 곳이 있다. 바로 은행이다. 건물을 담보로 돈을 빌려주려면 건물의 담보 가치를 정확히 알아야 한다. 그래야 향후 문제가 생겼을 때 은행에서는 손실 없이 경매 등을 통해서 대출금을 회수할 수 있기 때문이다. 그렇기에 은행은 최대한 보수적으로 건물의 가치를 판단한다. 은행이 평가한 가격은 어느 정도 거품이 빠진 가격이라고 볼 수 있다.

은행은 꼬마빌딩의 가치를 감정평가금액으로 판단한다

아파트는 KB국민은행에 산출하는 KB시세를 기준으로 한다. 아파트는 거래량이 많고 규모가 정형화되어 있어 KB시세 신뢰성이 높은 편이다.

그렇다면 꼬마빌딩에서도 KB시세와 같은 가격 지표가 있을까? 꼬마빌딩은 같은 평형이라도 건물의 구조 및 디자인, 그리고 임대수익 등이 각양각색으로 아파트처럼 표준화하기가 어렵다. 또한, 꼬마빌딩은 거래가격도 높고, 거래량이 아파트처럼 많지 않기 때문에 가격 지표로 삼기에는 모수가 적다.

은행은 꼬마빌딩의 담보 가치를 알아보기 위해 공인 감정평가기관에 감정평가를 의뢰한다. 감정평가는 탁상감정과 정식감정으로 나뉜다. 탁상감정은 기존 감정가를 살펴서 산출하며 실제 대출에 적용되는 기준은 아니고 대략적인 판단 기준이다. 탁상감정으로 은행은 대출 가능 여부를 대략적으로 판단한다. 탁상감정 결과, 담보 가치가 충분할 때 정식 대출

심사 단계에서 감정평가기관에 비용을 지불하고 정식감정을 한다.

다음은 우리가 신축을 위해 매입한 신축 건물의 감정평가서다.

자료 30 사례의 감정평가서

감정평가기관에서는 현장에 방문해 건물의 입지 및 세입자 현황을 상세하게 분석한다. 평가 대상 건물 인근의 대상표준지 건물(대상 토지와 동일한 지구단위 계획 구역의 건물)과 기존에 감정평가된 금액 및 인근 지역의 거래가 완료된 꼬마빌딩의 가격을 종합적으로 분석해서 감정가격을 산출한다.

17

꼬마빌딩을 지을 때 필요한 대출은
어떻게 이루어질까?

당신이 어떤 위험을 감수하냐를 보면,
당신이 무엇을 가치 있게 여기는지 알 수 있다.
- 재닛 윈터슨(Jeanette Winterson)

도심에서 꼬마빌딩의 신축은 대부분 신축 건물을 허물고 신축을 하는 경우다. PF(Project Financing)대출 방식은 신축사업자에게 토지 매입금과 건축자금을 함께 대출해주는 상품이다. PF대출은 돈을 빌려줄 때, 자금 조달의 기초를 프로젝트를 추진하려는 사업주의 신용이나 물적담보에 두지 않고, 프로젝트 자체의 경제성을 보고 대출해주는 방식이다. 토지 혹은 신축 건물을 매입 후 철거 및 신축하는 건축주의 경우에 활용되는 대출 방법이다. 주로 제2금융권의 은행에서 취급하고 있는 상품이다.

건물의 신축을 전제로 하는 대출이며, 토지 계약 시 토지 감정가격의 60~70%를 지급하고, 착공 후 공사비의 50% 내외를 대출해준다. 대출금의 총합계가 토지 감정가격을 초과하지 않는 범위에서 대출이 실행된다. 공사비 지급 방식은 골조공사 단계별로 지급하기도 하고, 골조공사가 끝날 때 일괄로 지급되는 경우도 있다. 은행의 대출금 지급 정책에 따라 달라지기 때문에 대출 전에 반드시 꼼꼼하게 체크해야 한다.

꼬마빌딩 건축자금대출의 흐름 이해하기

우리가 실제 개포동에서 꼬마빌딩을 신축할 때 진행한 PF대출은 크게 3단계로 진행되었다.

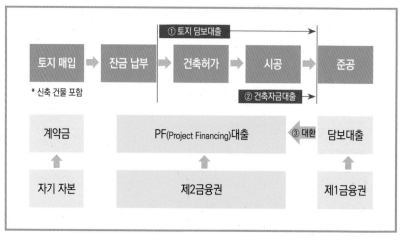

자료 31 PF 대출 흐름도

먼저, 매입할 토지계약에 필요한 담보대출이다. 토지 매입 시 건축주의 자본금으로 토지 금액의 최소 20~30%는 준비해야 한다. PF대출은 토지 잔금 시점에 처음으로 실행된다. 정부의 대출정책에 따라 바뀔 수는 있지만, 통상적으로 토지 감정가격의 60~70% 정도의 토지 담보대출이 실행된다.

　다음은 건축자금대출이다. 건축자금대출은 착공이 되고 골조공사 단계별 결과에 따라 지급된다. 은행마다 지급 정책이 다르며, 골조공사가 끝나는 시점에 일괄로 지급하는 경우도 있다. 따라서 사전에 시공사와 협의해서 골조공사 마무리 후에 시공비 중도금을 지급하는 것으로 협의가 필요하다.

　마지막으로, 준공이 되면 건물 가치가 올라가기 때문에 담보 가치가 상승한다. 제2금융권에서 높은 금리로 실행된 대출을 제1금융의 저금리로 대환이 가능해진다. 대환을 통해 이자비용을 줄여서 사업성을 더 높일 수 있다.

18

꼬마빌딩에는 어떤 건축물이 있을까?
건축물의 종류 알아보기

지금 적극적으로 실행되는 괜찮은 계획이
다음 주의 완벽한 계획보다 낫다.
- 조지 S. 패튼(George Smith Patton Jr.)

현장의 부동산 중개사무소에서 꼬마빌딩이라는 단어를 처음 들었다. 당시 구체적으로 꼬마빌딩의 모습이 떠오르지 않았다. 단, 한 번도 투자할 대상으로 생각하지 않았기 때문이다.

건축주는 꼬마빌딩의 다양한 형태를 이해하고 있어야 한다. 건축주가 매입한 부지의 용도에 따라 지을 수 있는 꼬마빌딩의 형태가 달라지지 때문이다. 꼬마빌딩은 주택과 상가로 구분된다. 주택은 단독주택과 공동주택, 상가는 근린생활시설과 업무시설 등으로 다시 세분화된다.

상가는 근린생활시설, 업무시설, 판매시설, 숙박시설, 위락시설로 구분된다

근린생활시설은 흔히 보이는 상가건물로 보면 되고, 업무시설은 오피스 빌딩, 즉 사무실로 사용되는 빌딩이다. 상가는 그 용도 및 면적에 따라 세분화된다.

구분	내용
제1종 근린생활시설	식품, 잡화, 의류 등(바닥면적 합계 1,000㎡ 미만) 휴게음식점, 제과점 등(바닥면적 합계 300㎡ 미만)
제2종 근린생활시설	공연장, 종교집회장, 학원, 제조업소 등(바닥면적 합계 500㎡ 미만) 자동차영업소(바닥면적 1,000㎡ 미만) 일반음식점, 독서실, 노래연습장 등
업무시설	공공업무시설, 일반업무시설, 오피스텔 등 회사 사옥 빌딩 등 사무실로 사용되는 오피스 빌딩
판매시설	도매 시장, 소매 시장, 근린생활 시설에 포함되지 않은 상점
숙박시설	호텔, 모텔과 준주택으로 분류했던 다중생활시설
위락시설	카지노, 유흥시설, 무도장 등

표 2 상가의 구분

주택의 종류는 크게 단독주택과 공동주택으로 구분된다

단독주택은 단독주택, 다중주택, 다가구주택으로, 공동주택은 다세대 주택, 연립주택, 아파트로 구분된다. 건축주가 관심을 가져야 할 주택의 종류는 다가구주택과 제1종 근린생활시설, 향후 다가구주택이나 상가 주택으로 신축이 가능한 단독주택이다.

단독주택

자료 32 단독주택(출처 : 서울특별시 도시계획과)

단독주택

① 단독주택

② 다중주택
    학생 또는 직장인 등 여러 사람이 장기간 거주할 수 있는 구조로 되어 있고, 독립된 주거의 형태를 갖추지 아니한 것으로써 연면적이 330㎡ 이하이고, 층수가 3층 이하인 주택을 말한다.

③ 다가구주택
    주택으로 쓰이는 층수(지하층 제외)가 3개 층 이하이고, 1개 동의 주택으로 쓰는 바닥면적(지하 주차장 면적 제외)의 합계가 660㎡ 이하이며, 19세대 이하가 거주할 수 있는 주택으로서 공동주택에 해당하지 않는 것을 말한다.

④ 공관
    정부의 고위 관리 등이 공적으로 쓰는 저택을 말한다.

표 3 단독주택(출처 : 서울특별시 도시계획과)

공동주택

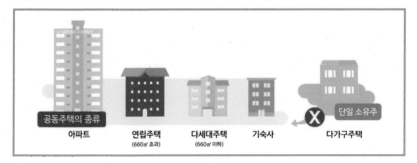

자료 33 공동주택(출처 : 서울특별시 도시계획과)

공동주택

① **아파트** : 주택으로 쓰는 층수가 5개 층 이상인 주택
 - 층수를 산정할 때 1층 전부를 필로티 구조로 해서 주차장으로 사용하는 경우에는 필로티 부분을 층수에서 제외하고, 지하층을 주택의 층수에서 제외한다.

② **연립주택** : 주택으로 쓰는 1개 동의 바닥면적(2개 이상의 동을 지하주차장으로 연결하는 경우에는 각각의 동으로 본다) 합계가 660㎡를 초과하고, 층수가 4개 층 이하인 주택
 - 층수를 산정할 때 1층 전부를 필로티 구조로 해서 주차장으로 사용하는 경우에는 필로티 부분을 층수에서 제외하고, 지하층을 주택의 층수에서 제외한다.

③ **다세대주택** : 주택으로 쓰는 1개 동의 바닥면적 합계가 660㎡ 이하이고, 층수가 4개 층 이하인 주택(2개 이상의 동을 지하주차장으로 연결하는 경우에는 각각의 동으로 본다.)
 - 층수를 산정할 때 1층의 전부 또는 일부를 필로티 구조로 해서 주차장으로 사용하고 나머지 부분을 주택 외의 용도로 쓰는 경우에는 해당 층을 주택의 층수에서 제외하며, 지하층을 주택의 층수에서 제외한다.

④ **기숙사** : 학교 또는 공장 등의 학생 또는 종업원 등을 위해 쓰는 것으로써 1개 동의 공동취사 시설 이용 세대 수가 전체의 50% 이상인 것(학생복지주택 포함)
 - 층수를 산정할 때 지하층은 주택의 층수에서 제외한다.

표 4 공동주택(출처 : 서울특별시 도시계획과)

다세대주택, 빌라는 공동주택에 포함된다. 층수와 바닥면적에 제한을 받는다. 필로티 부분은 주차장으로 활용되기 때문에 층수에서 제외된다. 2~5층까지 최대 4개 층을 빌라로 건축할 수 있다. 빌라는 연면적(필로티 주차장 제외)의 합계가 660㎡ 이하여야 한다.

19

꼬마빌딩,
전용면적과 공급면적 구분하기

운은 계획에서 비롯된다.
– 브랜치 리키(Branch Rickey)

아파트나 빌라를 구입할 때 전용면적, 공용면적, 분양면적, 계약면적
이라는 단어를 자주 접하게 된다. **전용면적은 독립적으로 사용하는 면
적, 공급면적은 공용공간까지 포함한 면적이다.**

부동산을 구입할 때 면적에 대한 정확한 기준이 있어야 가격 분석도
정확하게 할 수 있다. 현장에서 부동산 거래 당사자 간 면적 기준을 다
르게 알고 있어 계약 시 분쟁이 생기는 경우도 종종 볼 수 있다.

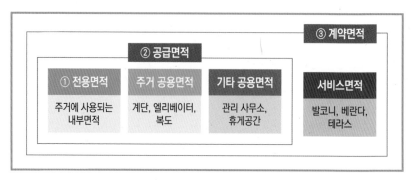

자료 34 면적의 구분

전용면적

전용면적은 각 세대가 독립적으로 사용하는 내부면적을 말한다. 방,
거실, 주방, 화장실 등이 해당한다. 실제 사용하는 면적이기 때문에 아
파트, 오피스텔, 상가 등을 계약할 때는 반드시 전용면적을 기준으로 비
교해야 가치평가를 정확하게 할 수 있다.

공급면적

공급면적은 전용면적과 공용면적을 합친 면적이다. 공용면적은 주거
공용면적과 기타 공용면적으로 구분된다. 주거 공용면적은 계단, 복도,
현관, 엘리베이터 등의 공동으로 사용하는 공간이고, 기타 공용면적은
관리사무소, 주차장, 기계실이 해당한다.

계약면적

계약면적은 공급면적에 서비스면적까지 합친 면적이다. 서비스면적
은 발코니 확장면적으로 실제 사용하는 면적은 커지지만, 법적인 전용
면적은 변화가 없어서 서비스면적이라 부른다. 서비스면적은 건축물대

장에 나오지 않지만, 합법적인 면적이다.

우리가 신축한 상가건물의 세대별 면적표다. 주택의 경우, 세금 혜택을 위해서 전용면적을 60㎡ 미만으로 설계했다. 전용면적에 공용면적(공유면적)을 합치면 공급면적(세대별면적)이 된다.

구분	호수	전용면적	공유면적 계단실	세대별면적	비고
1층	101호	65.22㎡		65.22㎡	근생시설
2~3층	2~301호	56.64㎡	14.48㎡	71.12㎡	2세대
	2~302호	59.05㎡	15.09㎡	74.14㎡	2세대
4층	401호	45.28㎡	11.58㎡	56.86㎡	1세대
	402호	45.94㎡	11.75㎡	57.69㎡	1세대
5층	501호	59.27㎡	15.14㎡	74.41㎡	1세대
합계		447.09㎡	97.61㎡	544.70㎡	근린생활시설(1호) /다세대주택(7세대)

자료 35 우리가 신축한 상가건물의 세대별 전용면적, 공급면적

PART

3

꼬마빌딩
계약하기

우리에게 맞는
꼬마빌딩 부지 선정하기

왕자를 만나려면
수많은 개구리와 입맞춤을 해야 한다.
– 아서 프라이(Arthur Fry)

부동산 투자를 할 지역의 입지를 분석하고, 매입 의사 결정을 내리기까지는 인내의 과정이 필요하다. 특히 꼬마빌딩은 토지가격이 투자금의 대부분을 차지하기 때문에 꼼꼼한 입지 분석은 향후 임대와 시세차익이라는 두 마리 토끼를 잡기 위해서 반드시 필요하다.

꼬마빌딩 부지 선정에서 가장 중요한 것은 땅을 싸게 사는 것이다. 입지를 잘 선정하고 저평가된 꼬마빌딩을 매수하면 꼬마빌딩 투자의 절반은 성공한 것이다. 이후 과정은 정해진 절차대로 계약을 진행한다.

꼬마빌딩 투자의 첫 단추는 입지 선정이다. 우리는 거주하는 곳에서 자동차로 1시간 이내의 상급지를 기준으로 삼았다. 현장에 수시로 다니면서 조사하고, 지역과 가까워지기 위해서다. 처음에는 경기도 부동산의 상급지인 분당·판교·과천·위례·광교신도시의 입지를 공부하기 시작했다.

다음은 꼬마빌딩을 임장 다니면서 우리가 생각한 좋은 입지의 조건이다.

첫 번째, 교통환경이 편리한 곳이어야 한다.

교통의 기준은 지하철 역세권이다. 매입하려는 꼬마빌딩이나 부지가 역세권이면 좋으나 최소한 주요 지하철역으로 가는 버스정류장이 가까운 곳이어야 한다. 초역세권은 땅값이 비싸서 꼬마빌딩 가격이 높다. 초역세권에서 마을버스로 쉽게 접근이 가능한 지역이 오히려 주택에 대한 수요가 많다. 우리가 선택한 개포4동도 양재역, 매봉역으로 가는 버스가 건물 바로 앞에 있기 때문에 역세권으로 이동하기가 편리했다.

두 번째, 회사와 상업지역이 가까워야 한다.

회사나 상업시설이 가까운 곳이 좋다. 일자리가 많으면 주택, 상가 임대 시 수요가 풍부해서 공실에 대한 리스크가 적기 때문이다. 경기도 판교나 광교신도시의 경우를 보면, 테크노밸리나 삼성전자와 같은 대기업과 회사들이 있어 주택 및 상가에 대한 수요가 넘쳐나는 것을 볼 수 있다. 공실 리스크도 줄어들고 임대수익도 안정적으로 확보할 수 있다.

세 번째, 꼬마빌딩 근처에 초·중·고등학교가 있어야 한다.

대한민국에서 학부모들의 교육에 관한 관심은 부동산 입지 선택에서 빼놓을 수 없는 요인이다. 꼬마빌딩에서 대표적인 주거용 부동산인 다세대주택이나 빌라의 경우, 근처에 학교가 있어야 임대수요가 높다. 특히 강남에서 학군이 좋은 아파트의 경우, 전세나 월세가 매우 높게 형성되어 있기 때문에 인근의 빌라에 대한 수요가 높다. 강남의 빌라들은 반사이익을 보고 있는 것이다. 꼬마빌딩에서 특히 주택 비중이 높을 경우, 최소한 초등학교, 중학교는 도보로 가능한 곳이면 교육환경이 좋다고 할 수 있다.

네 번째, 도로 접근성이 좋아야 한다.

꼬마빌딩 신축을 고려할 경우, 도로의 접근성이 좋다는 것은 해당 필지나 건물의 가시성이 좋기 때문에 가치가 올라간다. 상가나 주택의 매매와 임대수요도 많다. 차량의 속도가 빠른 도로보다는 도로 폭이 10~15m 이내에서 형성되어 있는 곳이 좋다. 유동 인구도 만들어지고 상권 형성에 유리하기 때문이다.

다섯 번째, 인근에 쾌적한 자연환경을 갖추고 있어야 한다.

주택의 경우 산과 하천이 인접한 주거지는 도심에서도 편안한 휴식처를 제공해주기 때문에 갈수록 인기가 증가하는 추세다. 코로나 이후 도심 한복판에서도 친환경적인 입지 요소가 더욱 부각되고 있다. 강남구에 있는 양재천을 대표적인 예로 들 수 있다. 사계절 모두 운치가 있고, 봄에는 벚꽃이 만발해 도심 속의 벚꽃 길을 자랑한다. 산책, 조깅과 함께 자전거를 타기에도 좋다. 양재천에 인접한 아파트 및 빌라에 대한 수요가 높고, 가격도 양재천에 가까울수록 더 높은 가격을 형성한다.

여섯 번째, 부동산 거래량이 꾸준히 증가하는 지역이어야 한다.

부동산 투자의 기본적인 목적 중 하나는 시세차익이다. 가격이 오르는 지역과 물건을 선택해야 하는 이유다. 거래량이 꾸준히 발생하는 곳은 수요가 많은 지역이다. 언제든지 팔 수 있는 곳이다.

우리가 임장하면서 느낀 것은 입지 조건을 모두 만족하는 지역은 가격이 너무 비싸서 쉽게 매입할 수 없다는 것이다. 누구나 투자하고 싶은 지역이기 때문에 수요가 많아서다. 하지만 앞의 여섯 가지 입지 조건 중 두세 가지를 선택적으로 잘 조합하면, 자신에게 맞는 최적의 꼬마빌딩을 선택할 수 있을 것이다.

21

인터넷으로
꼬마빌딩 입지 분석하기

출생과 죽음은 피할 수 없으므로
그 사이를 즐겨라.
- 조지 산타야나(George Santayana)

꼬마빌딩을 실제로 현장에 나가서 살펴보기 전에 반드시 사전조사가 필요하다. 첫째, 사전에 본인이 직접 확인하지 않으면, 현장에서 공인중개사나 타인이 설명한 대로만 믿게 되고, 선입견이 생길 수 있기 때문이다. 둘째, 현장에서는 인터넷으로 조사한 사전조사 결과에서 놓친 디테일한 요소를 찾아내야 한다. 그렇지 않으면 현장에서 허둥대며 꼼꼼하게 살펴볼 수 없다.

우리가 실제로 매수한 강남구 개포4동 꼬마빌딩의 사전 조사다. 준공한 지 25년 된 신축 건물이다. 해당 건물은 강남구 개포4동의 먹자골목의 도로변에 바로 붙어 있는 4층짜리 꼬마빌딩이다.

우리는 먼저 인터넷을 통해 로드뷰로 주변의 상권과 건물 외관을 확

인했다. 토지이용계획원과 건축물대장 등의 공적 장부를 통해 건물의
특성과 특이사항을 확인한다. 인터넷을 통해서 관심 있는 꼬마빌딩에
대해서 80% 이상 사전 조사하고, 현장에서는 숨은 요인을 발견하는 데
초점을 둔다.

해당 건물의 입지는 인터넷에서 지도상으로 확인하고, 토지이음
(http://www.eum.go.kr)에서 토지이용계획 열람을 통해서 건물 현황을 살펴
본다.

자료 36 토지이용 계획(출처 : 토지이음)

입지 분석을 위해 각 항목별로 조사하고, 그 결과에 대해 점수를 매겨
서 강점과 약점을 사전에 확인하는 것이다.

번호	항목	결과	사전 조사 내용
1	교통	중·하	강남역, 양재역 매봉역으로 가는 버스 정류장(도보 7분) 마을버스 02번, 4312번 정거장(도보 1분)
2	일자리	중·상	현대기아자동차 본사, 삼호물산, 동원기업이 인접
3	학군	중	포이초등학교, 국악중·고등학교 인접 대치중, 도곡중으로 배정
4	도로 접근성	중·상	도로 인접
5	친환경	중	양재천 인접 (도보 10분)
6	거래량	중	활발한 수준은 아니지만, 거래량이 증가하고 있음

표 5 사전 입지 조사 결과

　사전 조사한 결과 중에서 약점인 항목에 대해서는 보완 대책이 있는지 확인하는 것이 중요하다. 역세권이 아니어서 저평가된 지역은 인근 지하철역으로 운행되는 버스가 잘 갖춰져 있는지를 확인해야 한다.

22

꼬마 빌딩 실제로
현장 조사하기

늘 명심하라. 성공하겠다는 너의 결심이
다른 어떤 것보다 중요하다는 것을.
– 에이브러햄 링컨(Abraham Lincoln)

실제 건물의 현장 조사는 사전 조사 내용을 재확인하는 것뿐만 아니라 현장의 느낌은 어떤지, 놓친 부분은 없는지 체크하는 데 집중해야 한다.

우리가 신축을 위해 임장한 건물의 실제 외관은 인터넷으로 확인한 것보다 더 오래된 느낌이었다. 건물 뒷면에 위치한 주차장으로 들어가는 입구도 좁고 경사가 심해서 주차하기에 불편해 보였다.

| 자료 37 건물 전면부 | 자료 38 건물 후면부 |

자료 37과 38은 실제 현장 조사를 가서 본 모습이다.

교통

현장에 도착하자마자 초록색 버스가 눈에 띄였다. 매봉역·양재역으로 가는 마을버스가 건물 앞을 지나가고 있었다. 지나가는 자동차들의 속도도 빠르지 않고, 상권도 제법 형성되어 있었다. 건물 앞 도로는 초·중·고등학생부터 해서 다양한 연령대의 사람들이 지나가고 있었다. 해당 건물에서 도보 5분 거리에 강남역·양재역 및 서울 주요 지역으로 향하는 버스 정류장이 있었다. 역세권은 아니지만, 강남과 인근의 회사로 출퇴근하기에 양호한 교통환경이었다.

현장 조사를 통해서 확인한 중요한 정보가 있었다. 위례과천선 지하철 노선 확정에 대한 주민들의 현수막 민원이 보였다. 수년 내에 확정될 경우, 강남 역세권 꼬마빌딩으로 변모할 기회도 보였다.

일자리

건물에서 10분 정도 걸어가면 삼호물산과 동원그룹 사옥이 있는 상업용 건물이 있어 출퇴근하는 직장인들의 수요가 예상되었다. 또한, 인근 양재동에 현대·기아자동차 본사가 있고, 강남 핵심 구역으로 조금 이동하면 역삼동 및 테헤란로에 있는 많은 회사로 출퇴근하는 사람들의 수요도 예상되었다.

자료 39 삼호물산 사거리

자료 40 국립 국악 중·고등학교

학군

우리가 본 건물에서 100m 이내에 서울 포이초등학교와 국악 특목고인 국립 국악 중·고등학교도 있어서 주택의 경우 전월세 수요도 풍부한 것을 인근 부동산 중개사무소를 통해서 확인할 수 있었다. 주거용 빌라의 경우, 초·중·고의 인접 여부가 임대 수요에 영향을 주기 때문에 중요한 요건이 된다.

도로 접근성

도로에 바로 인접해서 가시성이 우수했다. 유동 인구가 많은 강남 상권에 비할 것은 아니지만, 인근에 재건축아파트들이 지어지고 있어 향후 3~5년 내 변화가 기대되는 곳이었다. 건물 바로 앞 도로변에 단풍나무도 있어 운치 있고, 멋있는 분위기가 연출될 것으로 예상되었다. 도로 폭이 넓지 않고 차량 속도도 느린 편이어서 향후 카페 거리로 발전할 가능성도 보였다.

친환경 입지

건물 앞에서 구룡산이 바로 보였다. 산에 근접해 있어서 아침부터 저녁까지 강남의 다른 빌라촌보다 쾌적한 느낌이 들었다. 도보로 10분 거리 정도에 양재천이 있어 산책하고, 자전거 타기에 좋은 동네였다.

자료 41 구룡산 조망

자료 42 건물 전면도로의 은행나무

부동산 거래량

건물 근처의 부동산 중개사무소를 방문한 결과, 거래량은 많이 없으나 최근 한두 건씩 거래가 늘어나고 있는 추세로 보였다. 강남구 상급지들은 이미 시세 상승이 눈에 띄었으나, 개포4동은 상대적으로 아직 상승분이 반영되지 않는 듯했다.

개포4동은 강남에서도 변방 지역의 느낌이 강하고, 역세권이 아니기 때문에 꼬마빌딩 투자자들의 선호 지역 우선순위에서 밀린다는 공인중개사님들의 공통된 의견을 들을 수 있었다. 개포4동 주변 아파트 재건축으로 먼지가 날리고 공사판 느낌이 강했다.

결론적으로 사전 조사와 현장 조사 결과를 종합했을 때, 2018년 당시의 강남구 개포4동은 강남구에서 가격이나 그 가치가 아직은 저평가 지역으로 판단되었다. 특히 우리가 본 건물은 먹자골목 도로변에 위치해서 개포 4동에서도 가시성이 좋은 건물로, 좀처럼 매물로 나오지 않는 도로변의 희소성이 높은 우량 건물이었다.

23

꼬마빌딩 계약,
한눈파는 사이 놓친다

무언가를 위해 목숨을 버릴 각오가 되어 있지 않는 한
그것이 삶의 목표라는 어떤 확신도 가질 수 없다.
– 체 게바라(Che Guevara)

우리 부부는 아파트에서 꼬마빌딩으로 투자 방향을 바꾸고, 강남구 개포4동의 꼬마빌딩을 인터넷에서 검색하기 시작했다. 강남에서 개포4동(구 포이동)의 건물 가격이 우리가 접근할 수 있는 가격대였기 때문이다. 위치를 보면 알 수 있듯이, 강남에서 땅값이 제일 낮은 곳이었다. 우리 같은 평범한 직장인이 레버리지를 잘 활용하면 도전해볼 수 있는 지역이었다.

강남구 개포4동의 건물을 한 달가량 돌아볼 때쯤이었다. 계약금을 입금하면 바로 계약할 수 있는 물건이 나왔다. 그 말은 건물주로부터 계좌번호까지 받은 물건으로 매수가 가능한 꼬마빌딩이었다.

자료 43 개포동 꼬마빌딩 위치(출처 : 저자 작성) **자료 44 건물 모습**(출처 : 네이버 로드뷰)

현장에서 해당 건물을 본 느낌은 도로변에서 안쪽에 위치했지만, 도로변 진입로에 가깝고 삼호물산이 위치한 주요 상업시설에서 가까워 직장인 수요의 주거형 건물로 적합했다. 건축사무소 몇 군데에 가설계를 의뢰했다. 가설계 요청 후 1~2주 내로 결과를 받을 수 있었다.

강남 꼬마빌딩이 실투자금 5억 원으로 투자 가능하다?

해당 꼬마빌딩은 2017년 12월에 24억 5,000만 원(평당 3,100만 원)에 매물로 나와 있었는데, 당시 인근 건물 시세보다 3~4억 원 정도 싼 가격이었다. 해당 필지는 2종 일반주거용으로 가설계 결과, 2~5층까지 투룸 총 8세대를 신축할 수 있었다.

당시 개포동 신축 투룸 전세 시세가 3.5억 원으로 전세로 임대 시 5억 원이면 투자 가능한 분석 결과였다(건축비 9억 원 가정). 전세 끼고 강남 아파트를 투자하는 것보다 더 적은 비용으로 강남 건물을 살 수 있었다.

건물 임장부터 가설계 및 은행 대출 확인까지 3주 정도가 소요되었다. 드디어 매수를 결정하고 부푼 기대를 갖고 부동산 중개사무소에 전화를 걸었다. 그런데 청천벽력 같은 소리가 수화기 너머로 들렸다.

"사장님, 아쉽지만 지난주에 계약이 되었어요."

불과 일주일이라는 간발의 차이로 물건이 눈앞에서 사라진 것이다. 한 달 넘게 준비한 모든 노력이 허공으로 날아갔다. 매수자는 바로 인근의 건축업자였다. 우리가 매입하려고 한 건물과 그 옆 건물까지 두 필지를 매입한 것이다. 두 필지를 매입해서 신축할 경우, 땅의 활용도를 더 높여 신축 사업성을 높일 수 있다. 현장 전문가인 건축업자와의 경쟁에서 첫 고배를 마셨다. 강남 꼬마빌딩을 매수하려면 맹수같이 빠른 판단과 결정이 중요하다는 것을 현장에서 배웠다.

24

생애 최초
강남 꼬마빌딩 계약하기

최고가 되기 위해 가진 모든 것을 활용하라.
이것이 내가 사는 방식이다.
– 오프라 윈프리(Oprah Gail Winfrey)

꼬마빌딩 계약 실패의 첫 고배를 마신 후, 다시 평범한 월급쟁이로 돌아가 회사에서 일하고 있을 때였다. 부동산 중개사무소에서 상기된 목소리로 연락이 왔다. 우리가 그렇게 돌아다녔던 강남구 개포4동에서 나오기 어려운 먹자골목 도로변에 위치한 우량 건물이 급매로 나왔다는 것이다.

'우량 건물이 급매로 나왔다고? 이것이 어떻게 가능할까?'

첫 계약 실패의 쓰라린 기억은 사라지고, 또 한 번 강남 건물주의 꿈이 되살아났다.

해당 물건은 개포4동 먹자골목 대로변에 있는 가시성이 좋은 건물이었다. 흐르는 상권이 아닌 지나가는 유입 인구도 많이 있었던 곳이라 인근 지역을 임장했을 때 기억에 남는 가시성 있는 건물이었다. 가격도 비싸고 좀처럼 매물로 나오지 않는 좋은 입지였다.

'우량 꼬마빌딩이 급매로 나온 이유가 무엇일까?'

매물로 나온 이유는 정말 특이했다. 다름 아닌, 상속 때문에 급매로 나온 것이다. 건물 주인 할아버지께서 갑자기 돌아가셔서 급하게 팔게 된 것이라고 했다. 강남에는 건물을 여러 채 소유한 건물주가 생각보다 많다. 자녀들이 상속세를 마련하기 위해 그중에서 제일 안 좋은 건물을 팔기로 한 것이다. 상속세라는 변수 때문에 더 좋은 위치의 건물은 상속받고, 개포동에 있는 이 건물을 급하게 매물로 내놓은 것이다. 보통 상속세를 이유로 나오는 건물은 급매일 가능성이 크다. 상속자들이 상속 문제를 빨리 처리해 상속받고 싶어 하기 때문이다.

강남 꼬마빌딩을 매입하기로 결정하다

우리가 건물을 매입하기로 한 가장 큰 이유는 우선 가격이 저렴했기 때문이다. 가격이 동일 면적인 바로 옆 건물의 6개월 전 실거래가격보다 5억 원이 더 저렴했다. 건물 가격이 올라가는 추세여서 실제로는 훨씬 더 싸게 사는 경우였다.

또 한 번의 좋은 기회를 놓칠 수는 없었다. 가계약금 3,000만 원을 고

속도로 졸음 쉼터에서 입금했다. 지금까지 꼬마빌딩과 함께한 시간 중에서 가장 가슴 뛰는 순간이었다. 월급쟁이 직장인에서 강남 건물주로의 첫발을 내딛는 순간이었다.

25

꼬마빌딩 계약
마지막 도장을 찍기 전에 방심하지 마라

위대한 업적은 대개
커다란 위험을 감수한 결과다.
– 헤로도토스(Herodotos)

계약서 작성 전에 상속자 4명의 무리한 요구가 시작되다

드디어 계약서를 작성하는 날. 부동산 중개사무소에서 매도자 4명과 계약을 하려고 자리에 앉는 순간이었다. 상속자 중에서 체격이 좋은 남자분이 한마디 던졌다.

"우리는 평당 4,000만 원인 줄 알고 건물을 팔았는데, 1억 원을 더 주실 수 있나요?"

거래가격을 서로 이야기하고 가계약금을 입금했는데, 이제 와서 금액을 바꾸겠다는 것이었다. 나는 완강하게 대답했다.

"이미 서로 합의하고 거래금액을 정했고 가계약금을 입금했습니다. 추가로 더 드릴 이유도 없고, 드릴 수도 없습니다."

역시나 돌아오는 대답은 뻔했다. 본인들은 배액배상하고 계약을 취소하겠다는 것이다. 나중에 알고 보니 다른 사람이 1억 원을 추가로 더 주고 계약하겠다고 한 것이다. 사실 계약일 전날 7,000만 원을 더 입금해서 총 1억 원을 입금한 상태였다. 계약 파기로 인해 배액배상을 할 경우, 상속자들은 1억 원을 더 부담해야 한다.

우리는 계약 취소를 하려면 2억 원을 배상해야 한다고 강하게 이야기했다. 순간 정적이 흘렀다. 상속자 중 한 명이 핸드폰으로 계좌 내역을 확인했다. 상속자들은 밖에서 잠시 이야기를 나누더니 계약을 하자고 했다.

이번 일을 계기로 마음에 드는 투자 물건이 있다면, 가계약금은 여유 있게 추가로 넣어야 한다는 것을 배웠다. 생애 처음 꼬마빌딩 계약서를 작성했다. 꼬마빌딩 계약도 생애 최초고, 거래 규모도 가장 컸다. 2개월 뒤에 내가 준비해야 할 잔금은 30억 원이었다.

드디어 꼬마빌딩 최종 계약을 마무리하다

꼬마빌딩 잔금을 위해 사전에 협의를 시작한 은행과 잔금대출에 대한 최종협의에 들어갔다. 잔금대출은 신축을 전제로 하는 토지담보대출과 건축자금대출을 진행하는 PF대출 방식이다. 신축사업의 사업성을 근거로 대출을 해주는 형식이다. 기존 건물 철거 후 주택과 상가를 신축하는 사업이다.

은행은 대출해주기 전에 시공사에 건물을 허물고 신축하겠다는 멸실신고 및 도급계약서를 최종적으로 요구한다. PF대출 차주인 건축주가 실제로 건축을 한다는 증거를 요구하는 것이다. 특정 은행의 경우, 시공사에게 연대보증을 요구하기도 한다. 건축주가 신축이 어려운 상황이 발생하더라도 골조공사까지는 마무리해야 한다는 것이다.

드디어 꼬마빌딩 잔금 날, 은행에서 20억 원 가까운 수표를 잔금으로 가져왔다. 필자가 실제로 본 돈 중 가장 큰 금액이었다.

자료 45 은행에서 가져온 잔금대출

26

꼬마빌딩은 매입할 때부터
출구전략을 세워야 한다

> 계획이란 미래에 대한
> 현재의 결정이다.
> – 피터 드러커(Peter Ferdinand Drucker)

부동산은 매입할 때부터 매도 시기를 생각해야 한다

부동산 투자의 수익은 언제 결정될까? 바로 아파트나 건물을 팔 때다. 내 통장에 들어온 돈이 진짜 수익이다. 양도차익에서 세금을 뺀 금액이 최종 수익이다. 양도차익을 높이든지, 세금을 줄여야만 수익이 높아진다. 꼬마빌딩 건물주가 현실적으로 컨트롤할 수 있는 것은 세금이다. 부동산은 한번 계약하면 되돌리기가 어렵기 때문에 계약 전에 나중에 매매할 때도 고려해서 절세 방법과 같은 출구 전략을 세워놓는 것이 좋다.

주택임대 사업자 등록을 통해 취득세, 재산세, 양도세를 절세하라

우리가 출구전략으로 찾은 것은 2017년부터 정부에서 적극적으로 권고한 주택임대 사업자 제도다. 주택임대 사업자는 정부 대신 주택을 공급함으로써 주택 시장 안정화에 기여하기 때문에 정부도 주택임대 사업자에게 세금 혜택을 주고 있다. 물론, 혜택과 동시에 임대료 인상 5% 상한 및 임대인의 보증보험가입 등의 각종 의무도 있다. 또한, 임대 사업자 등록 후 의무임대기간 내에는 양도할 수 없다. 위반 시 받은 세제 혜택을 모두 반환해야 하고 과태료도 내야 한다.

빌라가 포함되어 있는 주거형 건물을 8~10년 이상 장기간 임대를 고민하는 경우에는 임대 사업자 등록을 추천한다. 단기 시세차익이 아닌 임대소득을 통한 월세 시스템을 만드는 것이 우리의 꼬마빌딩 투자 이유였기 때문에 임대 사업사에 등록했다. 임대 사업 기간에 재산세 감면 등의 절세를 할 수 있고, 임대 기간 종료 후에 매각 시 양도세 세제 혜택도 얻을 수 있었다. 나와 같은 직장인이 꼬마빌딩 투자를 하는 데 있어 절세와 양도차익이라는 두 마리 토끼를 잡는 최상의 전략이었다.

특히 꼬마빌딩을 신축하는 경우, 민간건설임대 사업자로 등록해서 8년 의무 임대가 가능하다. 신축도 하기 전에 어떻게 사업자 등록을 할 수 있는지 주위에서 많이 묻는다. 신축 전에 건축허가서의 주택 기준으로 등록이 가능하다. 임대 사업 개시 시점은 실제 임대를 시작한 날짜 기준으로 책정된다. 임대 사업 개시 시점이 중요한 이유는 건설임대 사업자의 경우, 8년 이상 의무 임대를 해야 양도세 혜택을 받을 수 있고,

임대사업 개시일이 신축 시작 기준이 되기 때문이다. 특히, 10년 이상 보유할 경우 양도세 70%를 감면 혜택을 준다. 보통 건물을 매입 후 5년 이상은 보유하기 때문에 안정적인 임대소득과 함께 10년간 보유는 출구전략에서 하나의 선택지가 될 수 있다.

주택임대 사업자는 양도세 혜택 구간별로 출구전략을 세분해라

주택임대 사업자의 경우 최종 출구전략을 양도세 혜택 구간별로 생각해볼 수 있다.

가장 이상적인 경우는 의무 임대 기간(8~10년 이상)**을 모두 채우고 매도하는 경우다.** 하지만 건축주의 자금 및 개인 상황에 따라 변수가 발생할 수도 있기 때문에 플랜 B도 갖고 있어야 한다. 우리가 생각하는 차선책은 임대 사업 의무 기간을 50% 이상 채운 후 자진 말소다. 50% 의무 임대 기간을 채운 후 자진 말소하면 일반과세로 건물을 매도할 수 있다. 일반과세면 사업자를 등록하지 않은 경우와 차이가 없다고 생각할 수 있다. 그러나 조정지역의 경우, 기본적으로 다주택자가 주택을 팔 때 2주택부터는 양도세가 중과된다. 하지만 임대 사업자의 경우 양도세 중과배제가 된다(민간 임대주택법 개정에 따른 보완 조치에 근거함).

임대 사업자가 의무 임대 기간의 50%를 채우면 양도세 중과배제 혜택이 유지된다. 우리의 경우, 2018년에 임대 사업자를 등록했기 때문에 양도세 중과배제의 의무기간이 5년이다. 양도세 중과배제를 받기 위한 자진 말소의 조건은 의무기간의 1/2만 채우면 기존에 받은 혜택과 과태료가 추징되지 않는다. 시세차익을 이미 충분히 본 경우이거나 더 상급지의 건물로 갈아탈 때 사용할 수 있는 전략이다.

주택임대 사업자의 의무와 다양한 세제 혜택은 공식 홈페이지인 렌트홈 (renthome.go.kr)을 참조하면 된다.

취득세 및 재산세

우리처럼 건물을 신축하는 경우는 건설임대 사업자로 등록을 할 수 있으며, 전용면적이 60㎡ 이하면 취득세가 면제된다. 의무 임대 기간 중에는 공동주택 2세대 이상으로 재산세가 75% 감면된다.

민간임대주택 등록 시 주요 세제혜택(개인사업자)

	임대주택 구분	전용면적(㎡)			세제 혜택 요건
		40 이하	40 ~ 60	60 ~ 85	
취득세(지방세)	건설 매입	취득세 면제 ※ 세액 200만원 초과시 85% 경감		50% 경감 ※ 임대주택 20호 이상 등록 시	· 임대 목적으로 공동주택을 신축, 공동 주택·오피스텔 최초 분양한 경우 · 임대용 부동산 취득일로부터 60일 이내 임대사업자 등록 필요 · 취득당시 가액 수도권 6억원 (비수도권 3억원) 이하인 경우
재산세(지방세)	건설 매입	50% 경감	50% 경감	25% 경감	· 공동주택 또는 오피스텔 2세대 이상을 과세기준일(6.1) 현재 임대목적으로 직접 사용하는 경우 · 기준시가 수도권 6억원(비수도권 3억원) 이하인 경우
		면제 ※ 세액 50만원 초과시 85% 경감	75% 경감	50% 경감	· 공동주택 2세대 이상 또는 오피스텔 2세대 이상 또는 다가구주택(모든 호실 전용면적 40㎡이하)을 과세기준일(6.1) 현재 임대목적으로 직접 사용하는 경우 · 기준시가 수도권 6억원(비수도권 3억원) 이하인 경우

자료 46 임대 사업자 취득세, 재산세 혜택(출처 : 렌트홈)

양도세

주택임대 사업자에게 부여된 세제 혜택 중 가장 큰 혜택은 양도소득세 세제 혜택이다. 우리는 2018년 6월에 임대 사업자 등록을 했다. 임대 의무 기간과 의무 조건을 준수하면 양도세 혜택을 받을 수 있다.

꼬마빌딩을 양도 시 임대 사업자에 가장 큰 혜택은 조정지역에서 다주택자에게 부과된 중과세가 배제되는 점과 장기보유 특별공제 혜택이다.

구분	세제 혜택
비과세 부분	1세대 1주택 비과세 거주요건 배제 거주주택 비과세
양도세 중과세 부분	다주택자 양도소득세 중과배제
장기보유 특별공제 부분	장기보유특별공제율 추가적용 장기보유특별공제율 특례적용
100% 감면 부분	양도소득세 100% 감면 (단, 농어촌특별세 20%는 부과됨)

표 6 세제 혜택

꼬마빌딩
부가가치세 산출하기

1%의 가능성,
그것은 곧 나의 길이다.
– 나폴레옹 보나파르트(Napoléon Bonaparte)

2018년 봄, 드디어 가계약금을 입금하고 바로 잔금에 대한 대출을
알아보기 시작했다. 부동산 중개사무소에서 한 통의 전화가 왔다.

"매매가격의 부가가치세도 매도인에게 줘야 하는 것 아시죠?"

그러면서 세무사에게 상담을 받아보라는 것이었다. '부가가치세라
고?' 마트에서 산 물건의 영수증에 적혀 있는 부가가치세를 말하는 건
가? 내가 산 것은 과자나 커피와 같은 상품이 아닌데 부가가치세를 내
야 한다니…. 처음에는 이해하기 어려웠다.

세무사에게 확인해보니 꼬마빌딩에서 주택을 제외한 업무용 오피스
텔은 재화로 취급한다고 한다. 부가가치세(Value Added Tax, VAT)는 단어

그대로 상품의 거래, 서비스의 제공 과정에서 얻어지는 부가가치 이윤에 대해서 과세하는 세금이다. 취득과 양도 시 건물 공급가액에 대해 부과된다. 단 토지와 주택에는 부과되지 않는다. 결론적으로 상가와 주택이 혼합된 상가주택의 경우에는 취득, 양도 시에 사업용 건물 면적에 대해서는 부가가치세가 부과된다.

구분		취득	보유(임대)	양도	비고
주택	토지	X	X	X	
	건물	O			전용 85㎡ 초과 시 발생
상가, 오피스텔	토지	X	O	X	
	건물	O		O	
상가주택	상가	O	O	O	*사업용 건물면적별로 계산해 부과함
	주택	X	X	X	
토지		X	O	X	

표 7 부동산 형태별 부가가치세

우리가 매입한 개포4동 꼬마빌딩은 주택이 아닌 근린상가주택으로 부가가치세 신고 대상이었다. 매매가격에 추가로 부가가치세를 매도인에게 지불해야 한다. 건물의 부가가치세를 납부하는 방식은 건물 거래가격 외 부가가치세를 별도로 산정하거나 건물 거래가격에 부가가치세를 포함하는 경우다.

부가가치세는 토지와 건물의 기준시가를 기준으로 부가가치세를 계산 후, 건물의 실거래가격에 안분해서 실제 부가가치세를 계산한다. 예를 들면, 취득 당시 토지의 기준시가가 8억 원, 건물의 기준시가가 2억 원일 경우, 부가가치세는 건물 기준시가의 10%인 2,000만 원으로 취득 당시 기준시가 기준으로 계산된다. 여기서 산출된 기준으로 실제 건물 거래가격에 안분해서 부가가치세를 최종 산출한다. 실거래가격이 20억 원이고 부가가치세를 건물 거래가격에 별도로 지불할 경우, 토지 16억 원, 건물 4억 원으로 안분되어 부가가치세는 4,000만 원으로 최종 산출되는 방식이다.

부가가치세를 계산하기 위해서는 토지(대지면적)**의 개별공시지가와 건물**(연면적)**의 ㎡당 기준시가를 확인해야 한다.**

토지의 기준시가

취득 당시 개별공시지가는 국토교통부에서 관리하는 '부동산 공시가격 알리미(www. realtyprice.kr)'에서 확인이 가능하며, 서울의 경우 서울 부

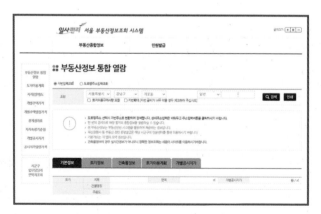

자료 47 개별공시가 조회(출처 : 서울 부동산 정보조회 시스템)

동산 정보조회 시스템에서 조회할 수 있다. 해당 건물의 대지면적에 개별공시지가를 곱해 토지의 공시지가를 계산한다.

건물의 기준시가

건물 양도 시 부가가치세 산출기준은 정형화되어 있으며, 국세청 홈택스에 확인 가능하다. 건축물의 기준시가는 건축물 연면적에 다음과 같은 방법으로 ㎡당 금액을 반영해서 산출한다.

자료 48 건물기준시가 계산(출처 : 국세청 홈택스)

㎡당 금액 = 건물 신축 가격 기준액 × 구조 지수 × 용도 지수 × 위치 지수 × 경과 연수별 잔가율

먼저 국세청 홈택스에서 계산한 ㎡당 금액에 연면적을 곱하면 건물의 기준시가가 산출된다. 건물의 기준시가에 10%가 부가가치세가 된다. 여기까지는 기준시가 기준의 부가가치세를 계산한 것이다.

실제로 국세청에 납부할 부가가치세는 토지·건물의 기준시가에 비례해 실거래가격을 안분 계산하면 된다. 우리가 산 건물의 최종 부가가치세 산출 시나리오다. Case 1은 건물 가격에 부가가치세를 포함한 경우이고, Case 2는 부가가치세를 별도로 내는 경우다. 두 경우의 부가가치세 금액은 차이가 없고, 건물 매매가격에 부가가치세의 포함 여부만 다르다.

구분	면적(㎡)	단가	기준시가	1실가안분(Case 1)	2실가안분(Case 2)
토지	273	6,413,000	1,750,749,000	2,737,258,051	2,775,079,831
건물	641	438,000	280,692,300	438,856,317	444,920,169
부가가치세			28,069,230	43,885,632	44,492,017
총계(매매가격 + 부가가치세)			2,059,510,530	3,220,000,000	3,264,492,017

Case 1 건물가에 VAT 포함, Case 2 건물가에 VAT 미포함

자료 49 부가가치세 산출 시나리오

꼬마빌딩 살 때
사업자 등록을 해야 하는 이유

장미꽃은 가시 사이에서 피어난다.

– 《탈무드(Talmud)》

부가가치세는 최종 4,400만 원 정도로 산출되었다. 추가로 나가는 비용치고는 높은 금액이었다. 부가가치세를 별도로 낼 경우, 건물 가격 외 부가가치세를 매도인에게 지불하고, 매도인은 다시 부가가치세를 국가에 납부하는 방식이다.

사업자 등록을 하면 부가가치세 환급을 받을 수 있다

세무사님과의 대화에서 다행히도 좋은 소식이 있었다. 일반 사업자 간의 거래에서는 부가 가치세를 환급받을 수가 있다. 건물을 매입할 때 일반 사업자 등록이 필요한 이유다.

꼬마빌딩을 매입하려면 사업자 등록을 해야 하는 이유는 또 있다. 세금 측면에서 건물 관련 비용을 경비 처리할 수 있고, 건물을 신축할 때 건축자금대출은 사업자만 가능하다.

부가가치세 발행 형태에 따라 사업자의 종류는 일반 과세자, 간이 과세자, 면세 사업자로 나뉜다.

- **일반 과세자** : 연간 매출액이 8,000만 원 이상인 사업자 대상
　　　　　　　　취득 시 건물 공급가액의 10%를 환급받을 수 있음
- **간이 과세자** : 연간 매출액이 8,000만 원 미만인 사업자 대상
　　　　　　　　취득 시 건물 공급가액의 10% 환급 불가
- **면세 사업자** : 부가가치세가 완전 면세되는 사업자

사업자 등록은 관할 세무서에서 건물 매매계약서와 함께 신청하면 일주일 내 등록 및 발급이 된다. 주택의 경우 관할 구청에서 임대 사업자 등록이 가능하다. 건설임대로 준공공 임대(8년 의무) 사업자 등록을 했다.

우리가 등록한 것은 일반 사업자 등록증과 임대 사업자 등록증이다. 상가건물의 상층부 빌라는 다세대주택이라서 각 호실별로 임대 사업자를 등록한다.

자료 50 일반 사업자 등록   자료 51 임대 사업자 등록(주택)

사업자 등록을 하게 되면 세금과 현황신고 등 여러 가지 의무사항이 따르게 된다.

구분	내용	업무 주기
원천징수	직원 고용	매월
4대 보험료	임직원에게 보수 지급	매월
부가가치세	임대료 및 전세보증금을 받음	개인 반기, 법인 분기
사업장현황신고	면세사업자가 사업 (면세수입금액 및 사업장현황신고)	다음 해 2월 10일
종합소득세 법인세	상가 임대소득 발생 시, 개인은 종합소득세 법인은 법인세	다음 해 5월
양도 소득세	상가 양도 시	예정신고: 양도 말일 기준 2개월 이내 확정신고: 다음 해 5월

표 8 사업자 등록을 할 시 여러 가지 의무사항

꼬마빌딩
신축해볼까

29

로또아파트 미계약 추첨에서
꼬마빌딩 신축으로 새로운 눈을 돌리다

내 비장의 무기는 아직 손안에 있다.
그것은 희망이다
– 나폴레옹(Napoléon)

일반인도 집을 직접 짓고 분양도 할 수 있다

몇 번의 강남권의 잔여 세대 추첨의 실패를 경험하고, 부동산 투자 방향을 진지하게 고민하기 시작했다. 오랜만에 멘토에게 전화를 걸었다. 멘토는 강남구 개포4동에서 신축 빌라를 분양하느라 정신없이 지낸다고 했다. 더욱 놀란 것은 빌라를 직접 신축한 것이다.

"땅을 사서 빌라를 짓고 직접 분양한다고?"

지금까지의 분양은 개인이 아닌, 건설회사의 사업 영역으로 생각했기에 신선한 충격이었다. 물론 빌라는 아파트와 규모 및 거주 형태가 다르다. 부동산 시장에서 단순히 사고파는 투자자에서 생산자의 관점으로 눈을 뜨게 된 순간이었다.

'나 같은 직장인도 땅을 사서 주택을 짓고 분양이 가능할까?'

꼬마빌딩 신축은커녕 땅에 대해서도 전혀 지식이 없었던 우리에게 새로운 궁금증이 생기기 시작했다.

아파트 살 돈으로 진짜 강남 꼬마빌딩을 신축할 수 있을까?

바로 강남구 개포동으로 달려가서 꼬마빌딩 신축에 대한 좀 더 자세한 이야기를 들어보았다. 실제로 신축 건물을 허물고 뼈대를 짓는 골조공사 현장도 가보면서 땅값, 공사비 등에 대해 듣는 동안 부동산 신축사업이라는 새로운 세상을 보게 되었다.

토지를 사서 지을 수도 있지만, 대부분은 오래된 빨간 벽돌 건물이나 단독주택을 저렴하게 매입 후, 철거해서 다세대빌라나 상가주택을 짓는 사업이었다. 철거 후 신축 건물의 사업성을 높이는 것이 관건이었다.

더욱 놀란 것은 투자 비용이었다. 꼬마빌딩 신축 비용이 생각보다 높지 않았다. 당시 강남 신축아파트를 전세 레버리지로 투자하는 비용보다 더 적게 들기도 했다. 신축이라는 새로운 방법을 통해서 강남 아파트 투자 비용으로 강남 건물주가 될 수 있는 방법을 현장에서 목격했다. 집 근처 신축 건물이나 카페거리의 상가건물도 모두 유사한 방식으로 지어졌다고 생각하니 달리 보이기 시작했다.

30

꼬마빌딩 신축은 사업이다.
반드시 사업계획서로 기획하라

현명한 사람은 기회를 찾지 않고
기회를 창조한다.
– 프랜시스 베이컨(Francis Bacon)

꼬마빌딩을 새롭게 짓는 것은 아파트를 분양받거나 사는 것과 차원이 다른 투자다. 땅부터 직접 골라야 한다. 신축 건물을 사는 경우, 건물을 철거, 즉 허물어야 한다. 신축 후에 내가 사는 경우를 제외하면 그 지역 임차인들의 수요와 트렌드도 연구해야 한다. 아파트는 계약만 하면 되지만, 꼬마빌딩 신축은 사업의 관점에서 바라봐야 한다. 신축 후에는 건축주가 부동산 시장에서 주택과 상가를 직접 분양해야 될 수도 있다.

꼬마빌딩 신축 시작 전에 가장 중요한 작업은 사업성 검토다. 사업성이 나와야 신축을 시작할 수 있기 때문이다. 손해 보는 장사를 하면 안 되는 것은 신축사업에서도 마찬가지다.

건축주는 자신의 신축사업에 대해 누구한테나 쉽게 설명할 줄 알아야 한다. 이는 사업계획서를 통해서 가능하다. 사업계획서는 대단한 문서가 아니다. 꼬마빌딩 신축사업을 통해서 수익이 확실하다는 것을 보여줄 수 있으면 된다.

건축주는 사업성이 나오는지 신축사업의 세부사항을 사전에 분석해서 사업의 타당성을 검토하는 과정이 필요하다. 검토한 결과물을 하나로 묶으면 사업계획서가 된다. 사업계획서를 작성하면 객관적인 시각에서 사업에 대한 전체 윤곽을 볼 수 있으며, 사업의 진행 여부를 최종 검토할 수 있다. 머릿속에서만 갖고 있던 신축사업 아이디어를 사업계획서를 통해서 구체화하는 것이다.

꼬마빌딩 사업계획서는 이렇게 만들어라

꼬마빌딩 신축사업은 토지 매입비와 공사비 등 수십억 원의 사업비가 투입되는 만큼 사업계획서를 통해서 최종 사업의 진행에 대한 의사결정을 내리기 전에 마지막까지 검토가 필요한 작업이다. 신축사업을 일단 시작하면 멈추기가 어렵고, 멈추게 되면 막대한 금전적 손해가 따르기 때문이다.

꼬마빌딩 신축사업계획서에 포함되어야 할 내용은 크게 신축사업지 현황, 신축사업지의 입지 및 시장 분석, 사업개요, 장단점 및 리스크 분석, 마지막으로 수지 분석 및 자금계획이 있다. 신축 후 임대전략 및 향후 매매계획 등의 출구전략도 함께 포함시키면 완성도 높은 사업계획서를 만들 수 있다.

다음은 우리가 강남구 개포동에서 신축사업을 진행할 때 작성한 사업계획서다.

사업개요

신축사업의 전체적인 사업 규모와 예상 공사 기간을 나타낸다. 건축사무소에서 검토한 가설계를 바탕으로 작성한다.

구분	내용	
사업명	개포동 근린상가주택 신축공사	
사업지	서울특별시 강남구 개포동 ○○○○-○○	
시공사	○○종합건설	
지역지구	도시지역, 2종일반주거지역	
용도	근린상가주택 (다세대 주택)	
건축규모	지상 5층	
대지면적	273㎡ (82.58평)	
건축면적	163.59㎡	
연면적	544.70㎡	
건폐율/용적률	59.92% / 199.52%	
주차대수	6대	
공사기간	2018. 10 ~ 2019. 3 (6개월 예상)	

정면도 (예상)

자료 52 사업개요

사업부지

신축할 대지의 지리적인 위치에 대한 설명이다.

자료 53 사업부지(출처 : 네이버 지도)

입지 분석

우리가 꼬마빌딩을 신축할 개포4동의 입지를 분석한 내용이다. 일자리, 교통, 학군, 개발 호재를 중심으로 분석했다.

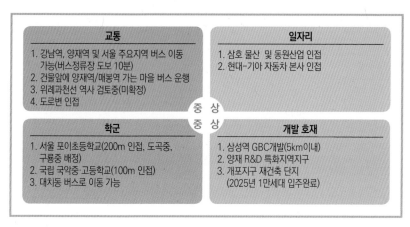

자료 54 입지 분석

SWOT 분석

강점과 약점, 기회와 위협 요소도 분석이 필요하다. 강점과 기회가 위협 및 약점을 충분히 상쇄시키는지 검토가 필요하기 때문이다.

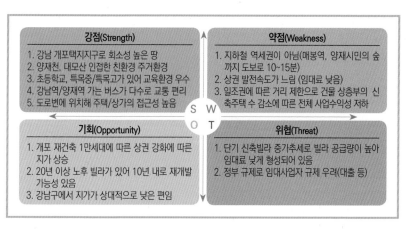

자료 55 강남구 개포동 근린상가주택 SWOT 분석

예상 사업비 및 수익

사업성의 가장 핵심이 되는 부분이다. 신축사업의 진행 여부를 결정하는 근거이기 때문이다.

비용 항목	금액	산출 기준
① 토지	3,200,000,000	대출가능금액 : 31.4억 원 (은행 감정가 기준)
② 취·등록세 및 부동산 수수료	225,400,000	7% 가정, 임대수수료 포함
③ 시공비	1,000,000,000	설계, 철거비, 인입비 포함
④ 금융비용	94,200,000	은행 PF대출 기준 (금리 4.5%, 8개월 기준)
⑤ 예비비	150,000,000	총사업비의 3~4%
총사업비	**4,519,600,000 ①+②+③+④**	

비용 항목	수량	분양가	합계	비고
① 상가	1	700,000,000	700,000,000	
② 3룸 빌라(2, 3층)	4	650,000,000	2,600,000,000	
③ 2룸 빌라(4층)	2	550,000,000	1,100,000,000	
④ 복층 빌라(5층)	1	750,000,000	750,000,000	
총수익	**5,150,000,000 ①+②+③+④**			

자료 56 예상 사업비 및 예상 총수익

건축 시공비는 임대 측면을 고려해 인테리어와 내부자재를 고급화할 계획으로 평당 600만 원 수준으로 책정했다(인근 건물들의 시공비는 평당 500만 원 수준). 총수익을 예측할 때 중요한 것은 분양가 산정이다. 6개월 뒤 분양가를 예측하는 것은 현실적으로 어렵기 때문에 사업계획 시 분양가 실거래의 중간값으로 측정했다.

꼬마빌딩 신축사업,
원팀(One Team)을 만들어라

> 통치자의 총명함을 판단하기 위한 첫 번째 방법은
> 그의 주변 인물을 살펴보는 것이다.
> – 니콜로 마키아벨리(Niccolo Machiavelli)

꼬마빌딩 건축주는 사업가다. 건물을 지을 때는 건축사업가가 되고, 신축 후에는 주택이나 상가를 관리하는 임대 사업자다. 우리는 꼬마빌딩을 신축하기 전에 남들처럼 수백만 원 하는 꼬마빌딩 신축 강의를 따로 듣지 않았다. 우리가 꼬마빌딩을 성공적으로 지을 수 있었던 것은 꼬마빌딩 신축은 혼자서 다 할 수 없다는 것을 빨리 받아들였기 때문이다. 각 분야의 전문가들을 활용해서 팀으로 움직였고, 최종 의사 결정을 신속하게 했을 뿐이다. 신축사업은 건축주 혼자가 아닌 원팀으로 진행해야 한다.

50조 석유사업가 댄 페냐(Dan Peña)는 그의 저서 《슈퍼 석세스》에서 "사업이나 투자에서 중요한 것은 당신만의 드림팀을 만드는 것"이라고 말한다. 그러면서 "회사 안팎의 다른 사람들에게 원작자의 자부심을 넘

겨줘야 한다"고도 이야기한다.

꼬마빌딩에서의 원작자는 바로 건축주 자신이다. 건축주가 꿈꾸는 꼬마빌딩을 성공적으로 짓기 위해서는 불필요한 고집을 버리고, 각 분야의 전문가들에게 방향을 공유하고 단계별로 위임해야 한다.

신축사업을 위한 건축주만의 드림팀이 필요하다. 신축부터 임대 관리까지 원팀을 구성하고, 각 팀 멤버에게 업무를 위임한 뒤 건축주는 진행 상황을 모니터링하고 이슈가 발생하면 최종 의사 결정을 통해 문제를 해결해야 한다.

다음은 우리가 강남구 개포4동에 꼬마빌딩을 신축할 때 원팀을 구성한 각 분야별 전문가들이다.

공동사업자 – 신축사업 정신적 지주

'꼬마빌딩을 신축하면 10년은 늙는다'라는 말이 있다. 건물을 짓는다는 것은 그만큼 정신적인 스트레스가 많기 때문이다. 맨땅 위에 무에서 유를 창조하는 것이기에 당연한 이야기일지도 모른다. 하지만 이 과정에서 든든한 공동사업자가 있으면 스트레스는 절감된다. 우리와 같은 직장인이 꼬마빌딩을 투자할 때 공동사업자는 대부분 아내이자 아이 엄마다. 땅 계약부터 모든 계약은 공동명의로 진행된다. 꼬마빌딩 신축 사업의 정신적 지주다.

부동산 중개사 – 꼬마빌딩 계약 및 임대 관리

꼬마빌딩 매입부터 부지 인근의 시공사를 컨택하는 데까지 부동산 중개사무소의 역할이 크다. 중개사무소의 거래 실적과 주 종목을 잘 파악해야 한다. 단순히 빌라나 아파트 부동산 중개사무소가 아닌 해당 지역에서 10년 이상의 꼬마빌딩 거래 경험이 있어야 한다. 또한, 건물 명도를 해본 경험이 있는 부동산 중개사무소를 선택하는 것을 추천한다. 신축 건물을 철거하고 신축할 경우, 기존 세입자와 원활한 의사소통과 법적인 절차를 알고 있으면 진행이 빨라지기 때문이다.

은행 직원 – 대출 컨설팅

평범한 직장인이 강남 꼬마빌딩을 본인 자금으로 매수하기는 어렵다. 타인 자본(OPM, Other People's Money)를 레버리지로 활용해야 한다. 은행 직원과의 긴밀한 관계는 매우 중요한 이유다. 같은 정부의 대출 정책이 시시각각 변하는 시장에서는 빠른 대응이 경쟁력이 된다. 담보대출은 1금융권에서 저금리로 받고, 건축자금대출은 대부분 2금융권에서 취급하므로 1, 2금융권 모두 주거래은행을 만들어야 한다. 은행 담당자들과 꾸준한 연락을 통해서 금리 및 대출 변화도 모니터링하면서 관계를 돈독히 하는 것이 중요하다. 대출은 정부 금융 정책에 의해서 결정되지만, 대출을 실행하는 업무는 은행 직원이 하고 있기 때문이다.

건축사 – 설계 및 인허가 전문가

우리가 만난 건축사 중에는 대학교에서 강의하시는 분도 계셨다. 하지만 건축사는 언변이나 학식이 아닌 설계와 도면으로 말한다. 건물을 매입하기 전에 진행하는 기획설계만 봐도 꼼꼼한 설계사무소를 구분할 수 있다. 건축사는 건축 관련 인허가행정 및 최종 시공할 설계도를 작성하고 감리까지 맡게 된다. 시공사에 휘둘리지 않는 꼼꼼하면서 강단 있는 건축사를 선택했다.

현장소장 – 신축 현장의 총감독

일단 시공사가 선정되면 가장 핵심 팀원이다. 신축의 경우, 꼬마빌딩 철거 때부터 동고동락해야 하기 때문이다. 건물 시공뿐만 아니라 준공 후 건물 관리 측면에서도 현장소장과 좋은 관계를 유지하는 것이 필요하다.

세무사 – 세금 전문가

세무사와의 첫 만남은 꼬마빌딩을 살 때 부가가치세 논의부터 시작된다. 우리가 꼬마빌딩을 지을 개포동에서 업무 경험이 많은 세무사님을 선택했다. 건물을 매입하고 사업자를 등록한 뒤 매년 부가가치세 및 종합소득세 신고를 해야 한다. 단순 세무 행정처리 업무뿐만 아니라 각종 세금 이슈에 대해서도 세무사님과 상담을 통해서 해결할 수 있다.

법무사 – 건물 등기 및 명도 전문가

꼬마빌딩 건물 매입 시 취·등록세, 건물 신축 후 보존등기, 건축자금 대출의 말소(등기부등본에서 지움) 등 법무사무소에서의 신속한 업무처리가 필요하다. 셀프등기도 가능하지만 꼬마빌딩의 경우, 큰 금액이 거래되기 때문에 법무사를 통해서 진행하는 것을 추천한다. 또한, 세입자가 임대료를 장기간 연체 시 불가피하게 하는 명도 소송을 진행해야 한다. 이때도 변호사를 선임하면 선임비용만 수백만 원이 들지만, 법무사사무소를 통해서 진행할 경우 수십만 원의 기본수수료로 진행할 수 있다.

부동산 관리 업체 – 건물 관리 및 세입자 민원 대응 전문가

꼬마빌딩을 신축한 후에는 임대 관리와 수시로 쏟아지는 세입자의 처리를 고민해야 한다. 특히 부동산 계약이나 임대 물건의 공실 해결을 위해서 부동산 프롭테크(Prop Tech) 업체를 활용하면, 동네 부동산 중개사무소를 통해 오프라인으로 진행하는 것보다 빨리 계약을 성사시킬 수 있다.

> **프롭테크(Prop Tech)**
> 부동산(Property)에 기술(Technology·IT)을 접목한 온라인 서비스를 가리킨다. 매물 검색과 부동산 중개 등 1세대 서비스가 최근에는 빅데이터, 인공지능, 사물인터넷 등 첨단 기술과 접목하면서 진화하고 있다.
>
> [출처 : 매일경제 용어사전]

프롭테크의 건물 관리 업체에 관리를 위임할 경우, 수수료는 대략 주택당 월 3~5만 원 수준이다. 건축주가 직접 관리하는 시간의 가치와 비교하면 저렴한 비용이다.

32

꼬마빌딩 신축사업의
현금흐름표(Cash Flow) 작성하기

돈 주머니가 빈 다음의 절약은
이미 늦은 것이다.
– 앤드류 카네기(Andrew Carnegie)

꼬마빌딩 신축사업 동안에 건축주가 24시간 신경 써야 되는 것이 있다. 바로 현금(Cash)관리다. 꼬마빌딩은 토지 매입비, 공사비와 함께 각종 생각지도 못한 비용이 계속 쏟아진다. 일단 공사를 진행하면 공사 비용을 제때 지불하는 것이 건축주가 해야 할 일 중 가장 중요한 일이다. 돈 관리는 신축사업의 성패를 좌우한다.

건축주의 강력한 무기는 현금이다. 신축사업에서 자금 관리가 성공의 핵심포인트인 이유다. 건축주의 가장 중요한 업무는 제때 자금을 집행하는 것이기 때문이다. 자금 관리는 어떻게 해야 할까? 건축주가 현금흐름표를 작성해서 주기적으로 입출금과 자금 리스크를 관리해야 한다.

현금흐름표를 통해서 신축사업 전체 사업의 마일스톤(Milestone, 단계 또는 계약상 필요한 주요 이벤트의 종료 또는 시작을 정의하는 전 공정 스케줄의 항목)**에 맞는 자금계획이 표현되고, 각 일정에 맞춰 매입비용 항목들이 표시되어 있어 어느 시점에 얼마의 자금이 투입되고 회수되는지 알 수 있다.** 즉, 신축사업에 필요한 자금이 어떻게 흘러가는지 볼 수 있기 때문에 투입되는 시점에 맞춰 금융권 대출 및 기존 보유 자산(주식 및 부동산)의 처분을 통해 사전에 자금을 준비하고 대출금의 상환계획을 세울 수 있다.

현금흐름표를 작성할 때 가장 중요한 것은 자금 투입 시점이 특정 구간에 일시적으로 집중되지 않도록 분산해서 계획을 세워야 한다. 만약 자금 일정이 안 지켜져 공사비의 지급이 늦어지면, 신축사업의 일정이 틀어지거나 지연되어 결국 건물의 품질도 떨어지게 된다.

꼬마빌딩 신축사업의 현금흐름표는 어떻게 구성될까?

우리가 꼬마빌딩 신축공사를 진행할 때의 전체적인 자금 지출의 흐름을 보자. 우리가 보유한 자기자본금에서 일부 금액을 투입해 토지 계약을 한다. 이후 건축자금 PF대출을 통해서 토지 잔금 납부 및 공사 단계별로 건축비를 시공사에 지불한다.

건축자금대출로 건축비가 모두 조달되지는 않는다. 간혹 준공 후 꼬마빌딩에서 추가 대출을 통해서 자금을 조달하기도 한다. 이것은 사업성이 확보되는 부지를 매입했을 경우 가능하다. 건축주는 건축비의 최소 70% 이상은 자금을 확보하고 신축을 진행하는 것을 추천한다.

실제 필자가 작성한 현금흐름표를 구성하는 수입과 지출의 주요 항목이다.

수입 항목

자기자본금

흔히 Equity라고 하며, 총사업비에서 건축주의 실제 자기자본을 말한다. 총사업비의 최소 30% 정도를 확보하는 것이 안전한 사업을 위해서 필요하다.

대출

PF(Project Financing)대출로 토지 잔금 및 신축공사비 금액이다.

지출 항목

토지 매입비가 가장 규모가 큰 항목이다. 다음으로는 건축 공사비다. 건축공사비는 시공단계별로 결과물을 확인하고 지불하는 것을 추천한다.

토지 매입비

사업비의 대부분을 차지한다. 토지 매입비를 낮추는 것만큼 총사업비를 줄일 수 있는 방법은 없다.

건축 공사비

토지 매입비 다음으로 큰 비중을 차지한다. 건축주에게 가장 민감한 비용이다. 경쟁입찰을 통해서 시공사를 선정하고, 세부내역서를 바탕으로 시공사 선정이 필요하다.

설계 및 감리비

설계와 감리는 대략 총 3,000~5,000만 원 수준이다.

부동산 중개 수수료

실제로 우리가 강남구 개포동에 상가주택을 신축할 때 작성한 현금흐름표다. 시공 일정별로 현금흐름이 플러스가 유지되게 자금 계획을 세우고 실행하는 것이 핵심이다.

현금흐름표를 관리하는 원칙은 한순간도 현금 부족 상태를 만들지 않는 것이다

월별로 현금흐름의 지출이 많을 경우, 마이너스로 표시된다. 신축하는 동안 매 순간 자금 부족이 발생하지 않도록 매일 자금의 지출을 관리해야 한다. 본격적으로 골조공사가 시작되면 예상했던 것보다 비용지출이 많다. 신축 전에 수립한 현금흐름표는 실제로 꼬마빌딩을 신축을 진행하다 보면 100% 맞아떨어지지 않는다. 오히려 자금이 부족한 경우가 많다. 최대한 보수적으로 현금흐름을 수립하고, 사업상황에 맞게 보완해나가야 한다.

CASH FLOW

(단위: 백만)

구분	총계	D-6개월	D-5개월	D-4개월	D-3개월	D-2개월	D-1개월	D-1개월+준공도	1개월	2개월	3개월	4개월	5개월	6개월	7개월	8개월	9개월	10개월	11개월	12개월	총계
목표 분양률									5.0%	20.0%	25.0%	20.0%	20.0%	10.0%	16.47%	29.65%	13.16%	24.70%	1.85%	14.16%	
누계									5.0%	25.0%	50.0%	70.0%	90.0%	100.0%	16.47%	46.12%	59.29%	84.00%	85.84%	100.00%	
필요 임대 보증금	3,036														500	900	400	750	56	430	3,036
초기 보증금	50																			50	50
총매출액	3,086														500	900	400	750	56	480	3,086
자기자본	850	340			43	43		383				21	21								850
대출금(PF)	2,592							2,592													2,592
공사비대출금	648								32	65	551										648
계	7,176	340			43	43		2,975	32	65	551	21	21	650	500	900	400	750	56	480	7,826
누계	7,176	340	340		383	425		3,400	3,432	3,497	4,048	4,069	4,090	4,740	5,240	6,140	6,540	7,290	7,346	7,826	0
토지 계약금	322	322																			3,221
토지 중도금	37							37													37
토지 잔금	2,899							2,899													3,258
계	3,258	322						2,936													3,258
건축공사비	1,040								52	52	260	208	208	104							1,040
기타공사지급비	1,040								52	260	520	728	936	1,040							1,040
기타공사별도비	1,040										520			520							1,040
감리비	12				2	2		3		6											12
설계비	8				2	2		2		2											8
인허가비	20				2	2		5		8				4							20
모델하우스	13													13							13
은행대출비	6	3												1			1				6
분양대행비	104									31				31		1			42		104
기타	110	3								39				32					42		110
계	4,441	325	327	327	43	43		2,941	3,268	3,308	3,828	3,828	3,828	4,397	4,397	4,397	4,398	4,398	4,398	4,441	4,441
차입금상환	2,735	15	40	43	34				32	25	31	21	21	80	500	900	399	750	56	438	3,385
누계	2,735	15	55	98	131				164	189	220	241	262	343	843	1,743	2,142	2,892	2,948	3,385	
PF	117								10	10	10	10	10	10	10	10	10	10	10	10	117
공사비	648																				0
지급이자(4.5%)	29								2	2	2	2	2	2	2	2	2	2	2	2	29
지급이자(4.5%)	146								12	12	12	12	12	12	12	12	12	12	12	12	146
계	3,386	15	40	43	34				12	24	36	49	61	73	85	97	109	122	134	146	4,586
누계	3,386	15	55	98	131				152	165	183	193	202	270	758	1,646	2,032	2,770	2,814	3,240	0
지출 총계	7,827	325	327	327	43	43		2,941	3,280	3,332	3,864	3,876	3,888	582	4,482	4,494	4,508	4,520	4,532	4,596	0
지출 누계	7,827	325	327	327					12	52	12	12	12	12	12	13	12	12	12	54	3,240
현금과부족	325	15	40	43	34				20	52	19	9	9	68	488	888	387	738	44	425	0
현금과부족 누계		15	55	98	131				152	165	183	193	202	270	758	1,646	2,032	2,770	2,814	3,240	0

자료 57 현금흐름표

33

꼬마빌딩 신축 전에
임대 사업자 등록을 해야 하는 이유

> 가장 높은 곳에 올라가려면
> 가장 낮은 곳부터 시작하라.
> – 푸블릴리우스 시루스(Publilius Syrus)

꼬마빌딩 건축주가 주택임대 사업자를 왜 등록해야 할까? 필자의 경우는 주택임대 사업자 등록을 통해 세금의 절세 혜택 측면이 가장 컸다. 임대 사업자가 건물 취득 시 주택에 대해서는 취득세 감면 혜택이 있다. 2018년 당시 강남구 개포4동 꼬마빌딩의 가격은 30억 원 수준으로 임대 사업자 등록을 통해서 취득세 1억 원을 환급받을 수 있었다.

임대 사업자는 민간이 정부를 대신해서 임대주택을 매입 또는 직접 건설해서 임대주택을 공급하는 사업 방식이다. 정부는 주택을 안정적으로 공급해서 부동산 임대 시장을 안정화하려고 한다. 정부에서는 대규모 주택 공급을 관장하고, 소규모의 민간주택은 개인사업자에게 일부 권한을 위임한 것이다. 즉, 임대 사업자가 정부를 대신해서 소규모 주택을 공급하는 것이다. 정부가 임대주택 공급의 의무를 부여하는 만큼 임대 사업자에게 인센티브가 주어진다. 주택임대 사업자 등록은 관할 구청 또는 시청에서 신청이 가능하다.

꼬마빌딩을 신축하는 경우, 세금 혜택이 많은 장기 건설 준공공 임대로 등록을 추천한다. 준공공 임대 사업자의 경우 취득세와 재산세 감면뿐만 아니라 임대주택으로 등록한 주택에 대해서 주택 수를 제외해주는 합산배제와 같은 세금 혜택이 있다.

물론 임대 사업자로 등록한 경우, 공적 의무도 반드시 지켜야 한다. 임대료 연 5% 인상률 제한 및 임대 기간 동안 양도가 불가하다. 최근에는 임차인의 보증금에 대한 보증보험도 가입해야 한다. 각종 의무를 위반 시 과태료뿐만 아니라 기존에 받았던 세금 혜택의 추징과 임대 사업자가 말소될 수도 있다. 동전의 양면과 같이 각종 세금 혜택과 지켜야할 의무가 동시에 존재한다.

렌트홈(https://www.renthome.go.kr/)에서 임대 사업자의 혜택과 의무를 확인할 수 있다.

구분	기업형 임대주택(뉴스테이)	준공공 임대주택	단기 임대주택
사업자	기업형 임대 사업자	일반형 임대 사업자	
임대 호수	건설형 300호 또는 매입100호	건설형 1호 이상 또는 매입형 1호 이상	
임대 기간	8년 이상 임대		4년 이상 임대
취득세	건설형 : 공동주택(단, 오피스텔 제외) 매입형 : 최초로 분양받은 공공주택 및 오피스텔		
	60㎡이하 : 면제 60㎡ 초과 ~85㎡ : 50% 감면(20호 이상 취득 시 적용)		감면 없음
종합 부동산세	건설 임대주택 : 149㎡ 이하, 2호 이상, 기준시가 6억 원 이하 시 면제 매입 임대준택 : 면적 무관, 1호 이상, 수도권 6억 원 & 지방 3억 원 이하 시 면제		
재산세	공통사항 : 2세대 이상 건설형 : 공공주택(단, 오피스텔 제외) 매입형 : 공동주택, 오피스텔		
	40㎡ : 면제 40㎡ 초과 ~ 60㎡ 이하 : 75% 감면 60㎡ 초과 ~ 85㎡ : 50% 감면		40㎡ : 50% 감면 40㎡ 초과 ~ 60㎡ 이하 : 50% 감면 60㎡ 초과 ~ 85㎡ : 25% 감면
양도 소득세	8년 임대 시 50% 공제, 10년 임대 시 70% 공제 2017년까지 신규 구입 후 10년 임대 시 면제		장기보유 임대 시 최대 40%
보증보험 가입의무	가입	가입	가입

표 9 임대 사업자의 혜택과 의무(출처 : 렌트홈)

임대차계약 시 의무사항

주요 의무사항	과태료
1. 임대사업자 설명 의무 • 임대사업자는 임차인에게 임대의무기간, 임대료 증액 제한(5%), 임대주택 권리관계 （선순위 담보권, 세금 체납 사실 등)등에 대해 설명하여야 합니다. 　※ 또한, 둘 이상 임대차계약이 존재하는 다가구주택 등은 선순위 임대보증금에 　　대해서도 설명해야 합니다. (2020.12.10 이후)	500만원 이하
2. 소유권등기상 부기등기 의무 (2020.12.10 이후) • 임대사업자는 등록 후 지체없이 등록한 임대주택이 임대 의무기간과 임대료 증액기준을 준수해야 하는 재산임을 소유권등기에 부기등기해야 합니다.	500만원 이하
3. 임대차계약 신고 의무 • 임대사업자가 임대료, 임대기간 등 임대차계약 사항(재계약, 묵시적 갱신 포함)을 관할 지자체에 신고하여야 합니다. 　※ (신고방법) 지자체(시·군·구)방문 또는 렌트홈 온라인 신고 　※ (제출서류) 임대차계약 신고서 및 표준임대차계약서 • 임대차계약 신고 이력이 없는 경우에는 세제 감면이 제한 될 수 있습니다.	1,000만원 이하
4. 표준임대차계약서 양식 사용 의무 • 임대사업자가 임대차계약을 체결하는 경우에는 표준임대차계약서 양식 （민간임대주택법 시행규칙 별지 제 24호)을 사용하여야 합니다. • 양식 미사용 시 임대차계약 신고가 수리되지 않을 수 있습니다.	1,000만원 이하

자료 58 임대차계약 시 의무사항(출처 : 렌트홈)

임대차계약 후 의무사항

주요 의무사항	과태료
5. 임대료 증액 제한 의무 • 임대료(임대보증금 및 월 임대료)를 증액하려는 경우 임대료의 5% 범위를 초과하여 임대료를 증액할 수 없습니다. 　- 또한, 임대차계약 또는 약정한 임대료 증액이 있은 후 1년 이내에는 임대료를 　　증액할 수 없습니다. • 임차인은 증액 비율을 초과하여 증액된 임대료를 지급한 경우 초과 지급한 임대료의 반환을 청구할 수 있습니다.	3,000만원 이하
6. 임대의무기간 준수 의무 • 임대의무기간(10년) 중에 등록임대주택을 임대하지 않거나 (본인 거주 포함) 무단으로 양도할 수 없습니다.	임대주택당 3,000만원 이하

7. 임대차계약 유지 의무	1,000만원 이하
• 임대사업자는 임차인에게 귀책사유가 없는 한 임대차계약을 해제 · 해지 및 재계약 거절을 할 수 없습니다.	
※ (거절사유) 월 임대료 3개월 연체, 부대시설 고의파손 · 멸실 등	

자료 59 임대차계약 후 의무사항(출처 : 렌트홈)

기타 의무사항

주요 의무사항	과태료
8. 임대사업 목적 유지 의무 • 오피스텔을 등록한 경우 주거 용도로만 사용하여야 합니다.	1,000만원 이하
9. 임대보증금 보증 의무 • 임대사업자는 임대사업자 등록이 말소되는 날(임대사업자 등록이 말소되는 날에 임대 중인 경우에는 임대차계약이 종료되는 날)까지 임대보증금에 대한 보증에 가입해야 합니다.	보증금의 10% 이하에 상당하는 금액의 과태료 (상한 3천만원)
10. 보고 · 검사 요청 시 협조 의무 • 관리관청이 임대사업자에 필요한 자료 제출을 요청하거나 관련 검사를 실시할 경우 적극 협조하여야 합니다.	500만원 이하

자료 60 기타 의무사항(출처 : 렌트홈)

꼬마빌딩 신축사업 수지 분석으로
사업성을 판단해라

> 사업의 비결은 다른 사람들은 아무도 모르고 있는
> 무엇인가를 아는 것이다.
> – 아리스토텔레스 오나시스(Aristotle Onassis)

꼬마빌딩의 사업성이 없으면 짓지 마라

꼬마빌딩은 건물을 짓고 나서 수익이 있어야 한다. 건축주는 수지분석을 통해서 신축사업의 사업성을 파악할 수 있다.

꼬마빌딩을 짓기 전에 반드시 확인해야 되는 것이 있다. 바로 사업성이다. 꼬마빌딩을 짓고 나서 수익이 있어야 한다.

우리 부부가 신축을 결정하고 나서 강남구 개포동 현장 부동산 중개사무소에서 많이 들었던 말이 있다.

"저기 오래된 빨간 벽돌 건물을 허물고 신축하면 투룸, 쓰리룸 빌라를 몇 개까지 지을 수 있다."

건물의 디자인과 외관만 신경 썼던 우리에게는 다소 생소한 이야기였다. 지을 수 있는 개수가 왜 중요할까? 그것은 지을 수 있는 빌라 개수에 따라 사업성, 즉 개별이익이 달라지기 때문이다. 빌라의 개수에 따라서 신축 건물의 자산가치가 달라진다. 같은 크기의 땅이라도 다섯 개를 지을 수 있는 땅과 빌라 일곱 개를 지을 수 있는 땅의 가격이 다른 이유다.

꼬마빌딩 신축은 부지 매입부터 건축 및 마케팅, 판매까지 다양한 영업 활동을 하는 소규모사업이다. 따라서 사업가의 마인드로 수익성이 나오는 사업인지 꼼꼼하게 분석해야 한다. 단순히 시세차익만 보고 신축사업을 시작하는 순간, 장시간 대출 이자를 내면서 고생만 할 수 있기 때문이다. 신축 후 판매나 임대를 했을 때 수익성이 충분히 확보가 된 후 신축사업을 시작해야 한다.

빌라 한 개를 더 지을 수 있다는 의미는 빌라가격만큼의 시세차익과 임대 후 빌라에서 나오는 월세 현금흐름이 추가로 보장되기 때문에 건축주에게 중요하다. 우리가 투자한 금액 대비 시세차익과 임대수익이 보장되어야 신축이라는 사업을 시작할 수 있다. 현장에서 '집 장사를 하는 건축업자들은 최소 빌라 한 개는 남아야 건축사업을 시작한다'라는 이야기도 있다. 신축업자들에게는 최소 마진인 것이다.

꼬마빌딩 신축사업의 사업성을 어떻게 객관적으로 판단할 수 있을까? 정답은 바로 수지분석표다. 사업의 총매출금액과 총매입비용을 따져 수익률을 예측하는 과정을 '수지분석'이라 하며, 작성된 표가 '수지

분석표'다. 수지(收支)는 수입과 지출을 뜻하며, 거래나 사업을 통해서 얻는 이익을 말한다. 수지분석을 통해서 신축사업 시작 전에 꼬마빌딩을 신축하는 데 필요한 전체 비용 및 수익을 계산해보고, 사업성이 있는지 판단할 수 있다. 꼬마빌딩 신축사업을 결정하는 핵심 단계다.

수지분석표를 작성할 때는 각 항목을 보수적으로 계획해야 한다. 매출은 최소화하고, 매입 항목들의 비용은 최대화해야 향후 자금 부족으로 인한 문제가 발생하지 않는다. 실제로 비용은 증가하고 매출은 예상대로 나오지 않기 때문이다.

수지분석을 통해서 최종적으로 신축사업의 착수 여부를 확정하는 것은 건축주에게 매우 어려운 숙제다. 신축사업을 통해서 얻으려는 목표가 시세차익과 임대소득 중 어떤 항목에 중점을 두는지에 따라 선택이 달라질 수 있기 때문이다.

필자의 경우, 신축사업의 수익 기준은 개포동 현장에서 건축업자가 생각하는 마진을 최소 기준으로 했다. 준공 후, 최소한 쓰리룸 빌라(2018년 당시 5~6억 원) 한 개 호실 금액 이상은 시세차익이 있어야 한다. 또는, 신축 후 전세를 모두 놓았을 때 임대보증금으로 총사업비가 나오는 경우를 신축사업 시작의 판단 기준으로 삼았다.

수지분석을 한 결과, 6개월 동안 신축 직후 5억 원 정도의 이익 수준이었다. 우리의 경우 장기보유를 통한 향후 시세차익과 임대수익에 초점을 맞췄기 때문에 최종 신축사업을 하기로 결정했다.

수지분석 (예상손익 분석)

작성일자 :

(단위: 천원)

구 분				내 용			비 고	
평형	세대수	평당가격	분양가격	대지위치	서울특별시 강남구 개포동		건물규모	0
21.51	2			대지면적	273.00 ㎡	82.58 평	지역지구	개포지구
22.43	2			제척면적	㎡	- 평	건물구조	0
17.20	1			사업면적	273.00 ㎡	82.58 평	토지매입비	:
17.45	1			연 면 적	544.70 ㎡	164.77 평	공사기간	6
22.51	1			지상연면적	544.70 ㎡	164.77 평	옵션가격	
계	7			용적율	199.52%	건 폐 율 59.92%		

구 분		평형	면적	산출근거				금 액	비 율	비 고
수입	빌라	21.51	43.03	2 세대	*				26.11%	
		22.43	44.86	2 세대	*				27.22%	
		17.20	17.20	1 세대	*				10.44%	
		17.45	17.45	1 세대	*				10.59%	
		22.51	22.51	1 세대	*				13.66%	
		소 계	122.53	6					74.37%	
	상가	지상1층	19.73	평	*		천원		11.97%	
		지상2층	0.00	평	*	0 천원		-	0.00%	1층대비 50%
		지상3층	0.00	평	*	0 천원		-	0.00%	1층대비 40%
		지상4층	0.00	평	*	0 천원		-	0.00%	1층대비 30%
		소 계	19.73						11.97%	부가세 별도
	매 출 액 (A)		142.26 평						100.00%	
지출		학교용지 반환금		0.00 평	*	0 천원		-		
	토지	토지매입비		82.58 평	*	39,000 천원			64.09%	주택임대사업자 85% 면제
		취득제세금		토지매입비	*	4.6%			0.74%	
		소 계						3,357,768	64.82%	
	건축	건축공사비		164.77 평	*				20.69%	
		인입공사비		164.77 평	*	0 원		-	0.00%	건축공사비에 포함
		현장철거비		82.58 평	*	0 원		-	0.00%	건축공사비에 포함
		미술장식품설치비		건축공사비	*	0.0%		-	0.00%	건축공사비의 0.7%
		소 계							20.69%	부가세 별도
	M/H	건립비		0	*	0 천원		-	0.00%	D/P 포함
		운영비		0 월	*	0 천원		-	0.00%	개관비포함
		임차료		0 년	*	0 천원		-	0.00%	
		소 계							0.00%	
	용역	분양대행수수료		세대수	*	0 천원		-	0.00%	아파트 1%, 상가 5%
		광고선전비		매출액	*	0.0% 천원		-	0.00%	1%
		설계용역비		164.77 평	*	70 천원			0.23%	지구단위용역포함
		감리용역비		164.77 평	*	50 천원			0.16%	
		소 계						19,773	0.39%	
	분담금	대체조성비		273.00	*	0 천원		-	0.00%	
		도시가스분담금		세대수	*	0 천원		-	0.00%	
		상하수도분담금		세대수	*	0 천원		-	0.00%	
		학교용지분담금		4,423,802 천원	*	0.0%		-	0.00%	0.40%
		광역교통분담금		건축연면적(㎡)	4% 50%	- 천원			0.00%	
		소 계							0.00%	
	취득제세금	보존취득세금		공사비	*	3.2%			0.26%	주택임대사업자 면세
		종합토지세 등		토지대금	*	0 2			0.00%	0.003
		소 계						13,280	0.26%	
	기타비용	분양보증수수료		5,025,567	0% 0.36%	56 12			0.00%	
		대출 수수료							2.88%	3%
		중개수수료 외		1식					0.00%	
		중도금이자후불		이자산출 참조					0.00%	분양가의 40%
		신탁수수료		총매출액	*	0.0%		-	0.00%	1%
		시행사 관리비		0 월	*	0 천원		-	0.00%	
		예 비 비		직접공사비	*	1.0%		10,400	0.21%	
		소 계						155,332	3.09%	
	금융비용	대출금 이자		3,220,717.50	4.5% 1	12		72,466	1.44%	
		공사비이자비용		현금흐름표 참조				-	0.00%	
		소 계						72,466	1.44%	
	지출합계							4,558,607	90.71%	
부가세	매출부가세		(아파트 전용85㎡초과공사비+상가매출액)	* 0%				-		주택임대사업자 면세
	매입부가세							-		부가세 별도
	납부부가세							-	0.00%	
	지 출 총 계 (B)									
	경 상 이 익 (A-B)								%	

자료 61 수지분석표

꼬마빌딩 신축의 주요 매입 항목 알아보기

건축주가 사전에 꼼꼼하게 준비해야 하는 신축사업 비용인 매입 항목에 대해서 알아보자.

① 토지비

토지 매입비

토지의 매입가를 뜻한다. 도심에서는 대부분 신축 건물을 철거해서 신축하기 때문에 건물 매매가가 토지 매입비가 된다. 토지 매입비는 신축사업 비용의 가장 큰 부분을 차지하기 때문에 저평가된 땅을 매입하는 것이 사업성을 높이는 첫 번째 원칙이다. 토지비의 증감은 수익률에 큰 영향을 주기 때문에 현장 발품을 통해서 토지를 매입해야 한다.

취·등록세

취득세와 등록세는 매입하는 부지의 종류에 따라 다르다. 근린상가주택을 매입하는 경우, 취·등록세는 4.6%를 납부해야 한다. 정부 부동산 정책에 따라 주택의 경우, 다주택자는 취득세가 중과되기 때문에 매입 시 비용 부분을 고려해야 한다.

중개 수수료

근린상가주택의 경우 최대 상한 수수료는 0.9%이며, 공인중개사와 협의하에 수수료율을 정할 수 있다. 무조건 요율을 낮추는 것보다 명도, 신축 후 임대 등을 진행하는 조건으로 협의를 하는 것을 추천한다.

매매/교환	거래금액	상한 요율	한도액
주택	5,000만 원 미만	0.6%	25만원
	5,000만 원 이상 ~ 2억 원 미만	0.5%	80만원
	2억 원 이상 ~ 9억 원 미만	0.4%	-
	9억 원 이상 ~ 12억 원 미만	0.5%	-
	12억 원 이상 ~ 15억 원 미만	0.6%	-
	15억 원 이상	0.7%	-
주택 외	거래금액의 0.9% 내에서 중개의뢰인과 개업 공인중개사가 서로 협의해 결정		

자료 62 중개보수 요율표(출처 : 한국공인중개사협회)

② 공사비

토지 매입비 다음으로 비용에서 큰 비중을 차지하는 항목이 공사비다. 건축주들이 가장 민감하게 생각하는 비용 항목이며, 건축비를 절감하기 위해서는 시공사 선정 과정에서부터 시공사와 협의를 통해 공사단가의 절감을 지속해서 노력해야 한다. 특히 철거 공사비와 주차장 공사비를 건축비에 반드시 포함해서 공사비를 산출하는 것을 추천한다. 그래야 시공사가 나중에 추가로 공사비를 요구하는 문제 상황을 피할 수 있다.

건축 공사비

전체 연면적 × 도급단가

철거비

기존 건축물을 철거하는 데 발생하는 비용으로 보통 건축 공사비에 포함시킨다.

주차장 공사비

다세대주택의 경우, 주차장 확보를 위해 1층을 필로티 구조로 신축해서 주차장을 확보한다.

③ 설계 및 감리비

전체 연면적에 설계단가를 곱해서 산출하며, 설계단가는 7~10만 원이다.

④ 금융비

대출 이자

대출원금 × 연 이자율 ÷ 12 × 사용 기간

소규모 꼬마빌딩은 6~8개월 정도 공사 기간을 예상하고 계산하면 된다.

기타 수수료

법무비용 등의 기타 수수료

⑤ 보존등기비

보존등기비는 신축 건물의 등기부등본 등재에 필요한 비용으로 취득세, 등록세 등의 세금을 말한다. 보존등기의 취득세율은 취득가 기준으로 상가는 3.16%, 주택은 85㎡ 이하 2.96%, 85㎡ 이상은 3.16%다. 서울특별시의 경우, 업종이 건설업으로 등록된 주택신축판매자가 전용면적 60㎡ 이하의 빌라를 분양 목적으로 신축할 때, 취·등록세가 면제된다.

꼬마빌딩 신축사업의 나침반, 마스터 플랜(Master Plan)을 만들어라

꿈을 기록하는 것이 나의 목표였던 적은 없다.
꿈을 실현하는 것이 나의 목표다.
– 만 레이(Man Ray)

꼬마빌딩 신축은 소규모 건축 프로젝트다

건축주는 신축사업 전체 일정에 대한 지도를 마스터플랜을 통해서 그려봐야 한다. 해마다 가을이 되면 영업부서 직장인들은 다음 해 경영계획을 세우고, 주요 사업 프로젝트 계획을 세운다. 프로젝트 일정, 투입비용 및 예상 손익을 수립한다. 실행계획을 수립해서 인력과 전체 일정에 맞게 투입한다.

꼬마빌딩 신축사업도 마찬가지다. 사업의 마일스톤(milestone)을 수립해야 한다. 신축사업에서의 사업일정은 크게 세 가지 단계로 나뉜다. **① 토지 매입 및 건축허가 단계, ② 설계 및 신축공사 단계, ③ 분양 및 임대 단계다.** 사업 일정은 각 단계에서의 자금 지출 및 회수와 연결되기 때문에 꼼꼼하게 수립해야 한다. 정확한 자금 플랜을 수립하기 위해서는 사업 일정별 주요 이벤트를 빠짐없이 계획해야 한다.

신축사업의 기본은 최소비용으로 최대의 수익을 창출하는 것이다. 여기에 신축사업에서 추가적으로 중요한 부분은 바로 공사 기간이다. 정해진 일정 내에 신축을 완료해야 한다. 너무 빨리 끝내도 품질이 떨어지는 부실공사가 되기 때문에 꼬마빌딩의 규모에 맞게 일정을 완수해야 하는 프로젝트다. 결국, 건축주에게 시간은 돈이고, 사업이 지연되면 사업 리스크로 연결되기 때문이다.

꼬마빌딩을 신축하는 데 필요한 마스터플랜을 구성하는 주요 일정과 상세 업무다. 예비 건축주라면 반드시 기억해야 한다.

No.	주요 일정	업무내용
1	토지 매입	토지 계약 및 소유권 이전(등기)
2	대출 실행	토지 담보 대출(PF대출)
3	건축관계자 명의변경	토지 잔금 시, 소유자 명의로 건축관계자 명의 변경
4	건축허가	상가주택 건축허가
5	사업자 등록	신축판매업 및 임대 사업자 등록
6	착공 신고	신축공사를 진행하기 위한 사전 신고 절차
7	철거 및 측량	기존 주택의 철거 및 경계측량 진행
8	착공	공사 진행 및 공사 공정관리
9	사용승인	공사 완료 및 입주를 위한 승인
10	보존등기	신축주택의 건축물 대장 생성 및 등기부등본 등재
11	임대	임대 계획 및 일정 수립

자료 63 주요 일정 및 업무 내용

우리가 지은 상가주택신축 사업 일정표다. 사업 일정표를 보면 사업 기간 및 주요 일정에 맞게 자금이 언제 필요한지 자금 흐름을 볼 수 있다. 실제 신축사업을 진행해보면 상황에 따라 일정이 바뀌는 경우가 발생한다. 따라서 사업 일정과 자금계획은 될 수 있으면 보수적으로 수립해야 한다.

구분		2018년										2019년					
		3월	4월	5월	6월	7월	8월	9월	10월	11월	12월	1월	2월	3월	4월	5월	6월
1	토지선정 및 사전검토	←→															
2	토지매입		계약	중도금	잔금												
3	PF대출 실행				토지						건축						
4	명도					←→											
5	건축주 명의 변경				●												
6	사업자 등록				사업자등록												
7	설계 용역비 지급			계약			중도금				잔금						
8	설계	기획설계		기획설계	건축허가												
9	시공사 선정 및 계약	←→	시공사선정		계약				1차기성		2차기성				잔금		
10	착공					←→									←→		
11	사용승인													사용승인 및 특검 ←→			
12	보존등기														●		
13	임대													←→			

자료 64 상가건물을 신축할 때 만든 사업 일정표

사업 일정의 가장 중요한 단계는 바로 토지 선정 및 사전 검토다. 토지 매입부터 본격적으로 자금이 투입되지만, 자금 투입 전 해당 토지에 대한 검토 및 사업성 분석 검토를 완료해야 한다.

건축주가 신경써야 할 일정표의 주요 항목은 무엇일까?

사업 일정표 각각의 일정 및 항목별 유의사항과 건축주가 챙겨야 할 주요 업무 내용에 대해 알아보자.

토지 매입

꼬마빌딩을 신축할 토지를 계약 시, 계약서의 특약사항으로 반드시 기입해야 될 사항은 크게 세 가지다.

① 매도인의 건축허가 협조

토지 매입계약 시, 보통 매도인이 건축허가에 협조할 것을 명시해야 한다. 토지 잔금까지 시간이 2~3개월 소요되기 때문에 소유권 이전 전에는 매도인이 건축허가를 신청하고, 잔금 및 소유권 이전 후 건축주 명의 변경을 하면, 잔금 전에 미리 건축허가를 진행할 수 있어 전체 일정이 단축된다.

② 세입자 명도

세입자 명도를 잔금의 조건으로 명시하는 것이 매수인에 유리하다. 건물주가 바뀌고 신축할 경우, 기존 세입자들이 임차료를 미납하고, 특히 상가에서는 권리금까지 요구하는 경우가 많기 때문에 매도인이 명도하는 조건으로 계약해야 한다. 하지만 명도는 매도인에게도 민감한 문제이므로, 예상 명도 비용을 사전에 계산해서 매도인과 건물 가격 협상을 유도하는 것도 한 가지 방법이다.

③ 계약 해지

건축허가 불허 시 매매계약을 해지한다는 조건을 명시한다. 건축허가 지연 및 불허의 상황에 대한 대처 및 리스크 관리가 필요하기 때문이다.

설계

① 설계 비용

건축 규모 및 디자인 등 난이도에 따라서 가격은 차등 적용된다. 서울·경기도의 다세대주택 기준 연면적 3.3㎡당 약 10~15만 원 정도 예상하면 된다.

② 지급 조건

건축사무소와 협의 조건에 따라 달라지나, 우리의 경우 신축 공정을 전체적으로 분산해서 설계사님의 입김을 시공사에게 전달하고자 분납 형태로 지급했다(계약 시 10%, 허가 시 20%, 착공 시 30%, 사용승인 시 50% 지급).

③ 설계변경

경미한 설계변경에 대해서는 추가비용은 없는 조건으로 계약서에 명시하는 것이 좋다.

건축허가 신청

건축물을 건축 혹은 대수선하고자 하는 경우 관할 지자체(시장, 군수, 구청장)의 허가를 받아야 한다.

건축할 대지의 범위와 그 대지의 소유 또는 그 사용에 관한 권리를
증명하는 서류를 제출해야 한다. 제출하는 문서로는 건축계획서, 배치
도, 평면도, 입면도, 단면도, 구조도, 시방서, 실내 마감도, 소방설비도,
건축 설비도, 토지굴착 및 옹벽도, 건축허가서가 필요하다.

건축사무소를 통해서 제출하기 때문에 건축주는 신청서에 사인만 하
면 된다. 하지만 건물의 주인은 결국 건축주다. 건축주 본인이 신축하는
건물에 대한 도면 및 허가서류를 꼼꼼히 확인하고 이해해서 신축을 진
행하는 것과 사인만 하는 경우는 이후 진행되는 건축의 결과에 큰 차이
가 있다.

건축주 명의 변경

신축사업 일정을 단축하기 위해 매도인 명의로 신청된 건축허가를
잔금 및 등기 이후에 매수인 명의로 '건축관계자 변경'을 하는 것이다.
이렇게 진행하게 되면 토지 잔금 및 소유권 이전 전에 건축허가를 신청
할 수 있어 신축사업 일정을 최소 1개월 단축할 수 있다. 1개월이면 서
울에 신축하는 경우, 토지 잔금대출 이자만 1,000만 원 이상을 단축할
수 있어서 사전에 건축허가를 받는 것은 필수다.

시공사 선정 및 계약

건축허가 진행 이후 시공사와 정식으로 도급계약을 체결한다. **공사비에서 중요한 것은 정확한 공사범위에 따른 공사비 산출이다.** 필로티 공사, 전기·가스·수도 등 인입비는 별도로 청구하는 경우가 많기 때문에 공사의 모든 항목을 포함한 상세 견적서를 요청해서 업체 간 견적을 비교해야 한다. 공사비에서 주의할 것은 평단가로 접근하는 방식은 피해야 한다는 점이다. 평단가는 신축공사가 끝난 이후에만 알 수 있는 것이다. 공사 전에 논의하는 평단가는 결국 실체 없는 가격일 뿐이다.

공사비 지급조건은 계약 시 10%, 착공 시 20%, 골조공사 완료 후 20%, 사용승인 후 50%를 지급하는 경우가 일반적이나, 건축주의 자금 사정과 대출 실행 일정을 감안해 자금 집행 시기를 정해야 한다.

사업자 등록

토지의 소유권 이전과 건축관계자 명의변경까지 마치면 사업자 등록을 한다. 사업자 등록을 하는 가장 큰 이유는 세금 문제다. 빌라를 분양 및 판매하기 위해서는 '주택신축판매업' 등록을 통해서 양도소득세 혜택을 받을 수 있으며, 판매하지 않고 임대하는 경우는 '주택임대 사업자'를 등록해 취득세 및 임대 시 보유세 등의 절세 효과를 볼 수 있다.

건축물 철거 및 멸실 신고

신축 시 기존 건축물 철거 후 30일 이내에 멸실 신고를 해야 한다. 구비서류로는 건축물 철거 및 멸실 신고서가 필요하다. 철거 후에는 측량을 진행하게 된다.

착공 신고

멸실 신고를 완료하면 착공 신고를 지자체에 해야 한다. 착공 신고서, 설계도서, 도급계약서, 시방서 등을 제출해야 한다. 허가를 받은 날 또는 신고를 한 날로부터 1년 이내에 공사에 착수하지 않으면, 허가가 취소된다.

사용승인 신청 및 사용승인

건축허가를 받았거나 신고를 한 건축물(또는 가설 건축물)의 건축 공사를 완료한 후 해당 건축물을 사용하고자 하는 경우, 허가권자에게 사용승인을 신청해야 한다. 신축 후 사용승인을 받으면 건축물대장을 생성하고, 건물 등기부등본에 등재하게 된다. 사용승인이 완료되어야 임차인이 입주할 수 있기 때문에 건축주에게 최종적으로 중요한 단계다.

PART

5

꼬마빌딩
설계

36

꼬마빌딩 신축의
KEY는 설계다

"가설계를 해보니 투룸, 쓰리룸이 여덟 개나 나옵니다. 임대를 놓으면 전세보증금만 해도 땅값과 건축비가 나오는 좋은 물건입니다."

강남구 개포동 부동산을 밤낮으로 임장 다닐 때 들은 잊을 수 없는 말이다. 처음 들었을 때는 TV에서 자주 보이는 기획 부동산업자의 이야기처럼 들렸다. 일단 부동산에 투자하는 데 설계를 왜 해야 하며, 그리고 빌라가 몇 개 나오는 것이 그렇게 중요한지 이해할 수 없었다. 현장에서 그토록 이야기하는 이유는 단 한 가지다. 내 땅에서 지을 수 있는 빌라나 상가가 더 많이 나온다는 것은 바로 투자의 수익성에 직결되기 때문이다. 즉, 땅의 가치가 달라진다.

꼬마빌딩 설계를 잘해야 진짜 공사비를 알 수 있다

꼬마빌딩 신축 성공의 시작은 설계다. 꼬마빌딩 신축에서 가장 기본이 되는 과정이 설계다. 설계가 잘되면 건축사업의 절반 이상은 성공했다고 할 수 있다. 꼼꼼한 설계 없이 제대로 된 건물을 지을 수가 없다. 또한, 건축허가 접수 및 시공사 계약을 하려면 설계가 필수다.

건축주에게 가장 중요한 공사비를 정확하게 파악하려면 설계도가 있어야 한다. 단순히 평당공사비로 산출하지 않고, 도면을 기준으로 산출할 수 있기 때문에 현실적인 건축비의 산출이 가능해진다. 초반에 설계를 잘하면 나중에 시공할 때 불필요한 돈이 새어나가는 것을 막을 수 있다.

좋은 설계를 위해서는 무엇보다도 건축사무소를 잘 선정해야 한다. 좋은 설계사는 건축주의 생각을 도면으로 구체화해서 최종 의사 결정을 도와주기 때문이다.

건축사무소는 어떤 기준으로 선정해야 할까?

첫 번째로 **건축주가 신축하려는 건물의 용도와 종류에 맞는 건축사무소를 찾아야 한다.** 건축사의 경험과 주특기를 최대한 활용해야 한다. 예를 들면, 오피스 빌딩을 전문으로 하는 건축사에게 다세대주택 설계를 의뢰할 경우, 전문 분야가 아니기 때문에 시간과 비용이 추가될 뿐만 아니라 결정적으로 건축주가 요구하는 최적의 설계 결과가 나오기 어렵다. 건축사업의 목적 및 건축 규모나 용도, 디자인을 고려해서 건축주가 짓고자 하는 건축물에 경험을 풍부하게 보유한 건축사무소를 찾아야 한다.

두 번째로 상가주택을 신축하는 건축주는 최근 1년간 상가주택을 다섯 곳 이상 설계한 경험이 있는 건축사를 선택하고, 신축한 꼬마빌딩을 직접 방문해서 눈으로 결과를 확인해봐야 한다.

마지막으로 건축주와 소통을 많이 하고 건물 디자인 감각이 있어야 한다. 단순히 설계에서 끝나지 않고, 건축주에게 가장 중요한 건축비를 절감하는 데 함께 대화를 나누고, 고민할 수 있어야 하기 때문이다.

꼬마빌딩의 설계도는 사업성 검토, 허가, 시공 단계에 필요한 도면이 다르다

우리가 시행착오를 겪으면서 배운 것은 건축주가 사업성 분석부터 설계와 시공 단계별로 설계 결과물을 꼼꼼히 챙겨야 한다는 것이다. 건축주가 설계 단계를 공부하고 미리 준비한다면, 실제 설계 진행 시에 건축사와 더욱 시너지를 낼 수 있다. 설계 단계부터 꼬마빌딩의 완성도를 높일 수 있다.

기본설계

'가설계'라고도 부르며, 부지에 대한 사업성을 판단할 수 있는 설계로 건축사무소를 결정하기 위한 콘셉트 단계라고 할 수 있다. 매입한 땅에 대해 처음으로 사업성을 그려보는 단계라고 볼 수 있다. 1차 설계 작업으로, 건축사가 건축주의 의향을 반영해 1~2주 안에 기본설계도면을 그린다. 건축주는 가설계를 통해서 처음으로 내 땅의 건축 법규를 확인하고 장단점을 발견할 수 있다.

계획설계

건물의 디자인을 결정하는 단계로서 입체적인 형태를 결정한다. 기본설계와 동일한 평면도지만, 건축주의 의견과 기타 전문가들의 의견을 종합적으로 반영해서 실제 건축할 집을 그리는 단계다.

중간설계(허가설계)

계획설계로 그린 도면에서 실제적으로 꼬마빌딩을 만들어나가는 내외장 재료와 뼈대, 기초를 만드는 구조 형식, 건물의 혈관과 내장 기관을 만드는 냉난방 방식 등 설계시스템을 결정한다. 이 시스템은 공사비에 직결되는 만큼 성능을 비교·검토해서 건축주의 결정이 필요한 핵심단계라고 볼 수 있다. 건축의 인허가를 받기 위해 구청에 제출하는 설계로, '허가설계'라고도 불린다. 건축, 구조, 토목, 설비, 전기, 소방, 조경 등의 계산서, 시방서로 구성된다.

실시설계

실시설계는 중간설계에서 결정된 시스템을 구현하기 위해 시공용 도

면을 작성하는 단계다. 완성된 실시설계도서는 시공사 선정 및 실제 시공에 활용된다.

모든 분야의 설계를 직접 하는 건축사무소는 없다. 건축사는 건축 외 일곱 개의 전문설계사 또는 설계협력사(구조, 토목, 조경, 기계, 전기, 정보통신)와 설계 하도급계약을 통해서 협업을 진행해 신축할 꼬마빌딩 설계를 한다. 건축사는 설계라는 오케스트라의 지휘자다.

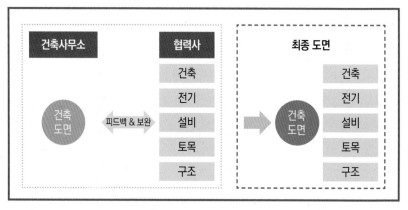

자료 65 설계도면 작성 절차

37

꼬마빌딩 설계 계약을 할 때
이것만 꼭 유의하자

인생은 얼마나 좋은 카드를 손에 쥐었는지
자신이 가지고 있는 카드를
얼마나 잘 활용하는지에 달려 있다.
– 조쉬 빌링스(Josh Billings)

설계는 꼬마빌딩 신축의 첫 단추다

우리가 생각하는 콘셉트와 가장 맞게 가설계를 해온 설계사무소와 설계계약을 진행하기로 했다. 상가주택의 콘셉트를 잘 살렸다. 1층은 주차 때문에 필로티 구조로 카페나 레스토랑이 가능한 상가를 추가했다. 2층부터는 쓰리룸과 투룸을 최대한 공간을 활용해 효율적으로 배치한 흔적이 보였다. 바로 이분이 우리 설계사님이라고 생각했다.

건축설계는 아무래도 남자보다는 여자 건축사님이 좀 더 세심하게 설계해주실 수 있을 것 같았는데, 실제 결과도 우리의 예상을 크게 벗어나지 않았다. 우리가 선택한 건축사무소는 광진구에 있었다. 엘리베이터가 없는 사무실로 허름했다. 하지만 그동안 건축사님이 설계한 상가주택에 대한 설명을 들은 후 생각이 바뀌었다. 소규모 상가주택과 다세대주택에 대한 설계 경험과 실적이 많았다. 우리에게 필요한 건축사는 롯데타워와 같은 초대형 아름다운 건축물을 설계하는 유명한 건축가가 아니다. 우리의 땅에 최적화된 소규모 상가건물에 정통한 건축사인 것이다.

설계계약서의 주요 항목

건축주는 설계계약서의 상세조항을 꼼꼼히 챙겨 용역 기간, 용역 범위, 지급조건 및 계약 변경 등을 상세하게 명시해야 한다.

설계 표준계약서는 설계계약 건명, 대지 위치 및 설계개요, 계약금액과 세부 조항으로 구성된다. 첫 페이지는 설계계약에 대한 전반적인 사항과 계약금액에 대해 기술되어 있다. 대지 위치 및 설계개요와 함께 협의된 설계비용을 확인하면 된다.

설계계약서 최종 사인 전에 각 상세 조항을 체크해야 된다
먼저 **용역 기간**은 소규모 상가건물의 경우, 보통 계획설계부터 실시설계까지 6~7개월의 공사 일정에 맞춘다.

용역 범위는 기획 업무부터 계획·중간·실시설계 및 사후설계 관리까지 기본 항목으로 계약한다. 건축주 요청에 의한 업무는 추가비용이 발생한다. 이 중 3D 모델링 업무 혹은 모형제작은 설계 시점이 지나면 진

자료 66 설계 표준계약서

행하기 어렵고, 착공 전에 신축 건물에 대한 느낌을 잡는 데 필요하다. 설계계약 시 서비스 항목으로 요구해서 추가비용 없이 계약하는 것도 방법이다.

비용 지급은 설계 단계별로 결과가 도출되는 시기와 맞추면 결과를 확인 후 비용 지불을 할 수 있다. 우리가 짓는 상가주택의 경우, 용역 계약 후 착수 시에 50%를 지급하고, 향후 최종 실시설계 결과물이 나오면 나머지 잔금을 지불하기로 했다.

제2조(용역기간) 설계용역업무의 수행기간은 2018년 .월 .일부터 2018년 .월 .일까지로 한다.

제3조(용역범위) "을"이 "갑"에게 제공할 용역의 범위는 다음과 같다.
1. 기획업무 (   )급
2. 건축설계업무
   - 계획설계 (   )종 (기본)급
   - 중간설계 (   )종 (기본)급
   - 실시설계 (   )종 (기본)급
3. 사후설계관리업무 (   )
4. 건축주 요청에 의한 업무
   - 리모델링 설계업무 (   )
   - 인테리어 설계업무 (   )
   - 음향, 차음.방음, 방진설계업무 (   )
   - 3D 모델링 업무 (   )
   - 모형제작업무 (   )
   - VE(Value Engineering)설계에 따른 업무 (   )
   - Fast track 설계방식 업무 (   )
   - 흙막이 상세도 작성 업무(굴토깊이 10m 이상) (   )
   - 건축물의 분양관련 지원업무 (   )

제4조(용역비의 산출 및 지불방법) ①용역비의 산출기준 및 방법은 대가기준에 의한다. 단, 현장여건 및 설계조건이 특수하거나 업무가 추가되는 경우에는 "갑"과 "을"이 협의하여 정한다.
②설계업무의 대가는 일시불로 또는 분할하여 지불할 수 있다.
③대가를 분할하여 지불하는 경우에 그 지불시기 및 지불금액은 다음과 같이 이행함을 원칙으로 하되, "갑"과 "을"이 협의하여 추가.조정할 수 있다.

[   ] : 예시

지 불 시 기	지불비율	지 불 금 액	비 고
[용역계약시 (계획설계착수시)]	[50%]	₩	
[중간설계인도시]	[%]	₩	
[실시설계인도시]	[50%]	₩	
계	100%	₩	

자료 67 설계계약 상세조건

설계변경은 설계계약을 할 때 추가 증액의 기준에 대해서 건축사와 확실한 기준을 갖고 협의해야 한다. 예를 들면, 설계변경 시기는 구조, 전기 기계 설비 도면 작성 전으로 하고, 변경 범위는 건축주가 요구해서 바뀌게 되는 면적이 전체 공사면적의 10~15%를 초과한 경우로 협의하는 것도 방법이다.

이행 지체 조항은 약정기간 내 설계가 완수가 안 될 경우, 지연에 대한 지체상금에 대한 규정이며, 전체 금액에서 0.25%의 지체 배상금을 지연일마다 지불하는 조건이다.

제10조(계약의 양도 및 변경등) ①"갑"과 "을"은 상대방의 승낙없이는 이 계약상의 권리·의무를 제3자에게 양도, 대여, 담보제공 등 기타 처분행위를 할 수 없다.
②"갑"의 계획변경, 관계법규의 개·폐, 천재지변등 불가항력적인 사유의 발생으로 설계업무를 수정하거나 계약기간을 연장할 상당한 이유가 있는 때에는 "갑"과 "을"은 서로 협의하여 계약의 내용을 변경할 수 있다.
③제2항의 규정에 의하여 이미 진행한 설계업무를 수정하거나 재 설계를 할 때에는 이에 소요되는 비용은 대가기준에 따라 산정하여 추가로 지불한다.

제11조(이행지체) ①"을"은 설계업무를 약정기간내에 완료할 수 없음이 명백한 경우에는 이 사실을 지체없이 "갑"에게 통지한다.
②"을"이 약정기간내에 업무를 완료하지 못한 경우에는 지체일수 매1일에 대하여 대가의 2.5/1000에 해당하는 지체상금을 "갑"에게 지불한다.
③천재지변 등 부득이한 사유 또는 "을"의 책임이 아닌 사유로 인하여 이행이 지체된 경우에는 제2항의 규정을 적용하지 아니한다.
④"갑"은 "을"에게 지급하여야 할 대가에서 지체상금을 공제할 수 있다.

자료 68 설계계약 조항

38

꼬마빌딩 설계 전에
이것만은 반드시 생각해둬라

> 과거를 기억 못 하는 이들은
> 과거를 반복하기 마련이다.
> – 조지 산타야나(George Santayana)

건축주가 설계사무소와 소통한 크기만큼 꼬마빌딩의 완성도와 만족도가 올라간다. 본격적으로 설계를 시작하면 건축주가 생각한 콘셉트에 맞는 설계 요구사항을 어필하고 반영하는 과정을 거쳐야 한다.

드디어 건축사무소를 선정한 뒤 설계계약서에 도장을 찍고 계약금까지 송금했다. 건축사무소에서 본격적으로 도면 작업이 시작된 것이다. 건축사님에게 우리가 고민해서 계획한 꼬마빌딩의 콘셉트와 요구사항을 과감 없이 이야기하기 시작했다.

막상 설계를 시작하면 건축사와 협의할 시간은 많지 않다. 그만큼 건축사들은 본인들의 경험에 맞춰서 잘(?) 설계하게 된다. 그러다 보니 건축주의 콘셉트가 정확히 반영이 안 되고 획일적이며 일반적인 꼬마빌딩이 나올 가능성이 높다.

건축주가 설계를 시작하기 전에 미리 결정해줘야 하는 것들은 건물의 종류, 수직/수평 동선, 확장 등 건축설계의 요소들과 외벽 마감자재 및 내부자재 등 건축주의 주관적인 선호도에 관련된 사항들이다.

어떤 종류의 꼬마빌딩을 지을 것인가

꼬마빌딩을 지을 토지를 매입하는 시점에 건축주는 건물 종류와 콘셉트를 정해야 한다. 토지의 용도에 따라 상업지구의 경우 오피스 빌딩, 오피스텔을 검토하고, 주거지역의 경우 다세대주택, 다가구주택 또는 주택과 상가를 혼합한 상가주택을 짓는다.

꼬마빌딩의 종류가 왜 중요할까? 건물의 종류에 따라 주택 및 상가의 개수가 달라지고, 이는 주차대수에 영향을 주기 때문이다. 주차장 확보 방법에 따라 필로티 구조, 지하 주차장, 기계식 주차장을 검토해야 하며, 종류에 따라 건축비용이 천차만별이다.

주택의 경우 필로티를 활용하는 추세이며, 준주거 지역의 오피스텔의 경우 기계식 주차장이 필요할 수 있다. 기계식 주차장의 설치는 땅의 활용도는 높일 수 있지만, 추가 공사비가 든다. 지하 공사비와 기계식 주차장 설치가 추가되기 때문이다. 물론 상업용 건물의 경우, 지을 수 있는 오피스텔 개수가 많이 나온다면 사업성이 증가하기 때문에 건축주가 사업성 검토 시점에 기계식 주차장 설치를 통해 사업성이 더 나오는 지 여부를 꼼꼼하게 따져야 한다.

자료 69 필로티 주차장   자료 70 기계식 주차장

사용자의 관점에서 구조와 동선을 직접 그려보라

사용자 동선은 실제로 사용할 사용자의 관점에서 편리하게 설계하는 것이 포인트다. 주로 체크해야 하는 사용자 동선은 엘리베이터, 계단과 같은 수직 동선과 한 개 층의 내부에서 이동을 의미하는 수평 동선이 있다.

수직 동선의 핵심은 엘리베이터의 위치와 계단 위치를 최대한 떨어 지지 않게 하고 최소한의 공간을 사용함으로써 실제 주택과 상가의 전 용면적을 늘리는 방법을 고민하는 것이다.

자료 71 엘리베이터 및 계단 동선

자료 72 건물 내부 계단

　수평 동선은 엘리베이터에서 나와서 주택으로 이동하는 경로와 주택 내부에서 거실, 주방, 화장실 등의 위치를 사용자 입장에서 내가 집에 거주한다고 생각하고 검토하는 것이 좋다. 주택의 경우, 사용자를 특히 여성의 관점에서 바라보고, 동선을 검토하는 것이 향후 임대에도 효과가 크다. 현장에서 대부분의 임대계약 주도권은 아빠가 아닌 엄마에게 있기 때문이다.

자료 73 넓은 현관 공간

자료 74 투룸 주방 동선

자료 75 복층 계단 동선

건물 마감자재는 꼬마빌딩의 첫 느낌이다

건축주의 주관적인 선호도로 결정되는 사항에 대해서는 설계 시 기본적인 마감자재의 형태를 정하는 것이 좋다. 이후 색상 및 원산지, 납품회사까지 꼼꼼하게 건축사님과 만나서 문의하고, 결정하는 것을 추천한다. 나중에 시공사가 종류만 보고, 같은 재질의 저가 자재를 사용하는 경우가 종종 발생하기 때문에 마감자재의 상세 스펙에 대해서 건축주도 확인하고 정하는 것이 시공사와 향후 자재 관련 이슈가 발생했을 때, 무리 없이 협의해나갈 수 있다.

마감자재에서 우리가 인근 지역의 다른 건물보다 차별화 포인트로 둔 것은 건물 전면을 유리 시공으로 해서 고급스러운 이미지를 만든 것이다.

근린상가주택이지만 향후에 강남구 개포동에 재건축세대만 2만 세대가 입주한다. 유동인구의 폭발직인 증가로 상권이 좋아질 것으로 예상한다. 주택을 상가로 용도 변경해서 오피스빌딩으로 변신도 가능해 보였기 때문이다. 하지만 상층부는 주택이기 때문에 외부 창문을 통해서 환기 등 주택의 기능을 살리면서 외부 마감을 전면 유리로 연출하는 것은 어려운 도전이었다.

실제로 우리가 선택한 건물 전면을 유리 시공한 모습이다.

자료 76 외부 석재 및 전면유리

자료 77 유리 시공 후 건물 전면 사진

　외부 마감재와 전면 유리는 보는 것과 실제 시공 후 느낌이 다르기 때문에 시공 전까지 계속 검토되었던 중요 항목이다. 우리가 신축할 꼬마빌딩은 햇빛을 많이 받는 위치라 무게감을 주면서 고급스러운 진한 브라운 느낌의 유리를 선택했다.

39

꼬마빌딩 신축설계도면 이해하기

기억하라, 뭔가 다른 결과를 원한다면
뭔가 다른 일을 해야 한다는 것을.
- 토머스 J. 빌로드(Thomas J. Vilord)

설계개요에 꼬마빌딩에 대한 모든 것이 있다

꼬마빌딩의 신축을 위해 설계를 시작하면 대지면적, 용도 지역, 도로와의 관계, 주차 대수 등 건축법규에 맞게 어떻게 건축할 것인가에 대해 콘셉트를 설정하고 계획을 수립하게 된다. 꼬마빌딩 건축에 관한 계획을 한눈에 볼 수 있도록 정리한 것이 건축설계개요다. 건축주가 매입한 부지에 지을 꼬마빌딩 신축에 대한 전체 그림을 볼 수 있다.

다음은 우리가 강남구 개포동에 신축한 상가건물의 근린상가 및 다세대주택신축을 위한 건축설계개요다.

■ 설 계 개 요 서

대 지 조 건	대 지 위 치	서울시 강남구 개포동		
	지 역, 지 구	제2종일반주거지역 / 지구단위계획구역(개포택지-단독주택)		
	대 지 면 적	대 장 면 적	273.0 M²	
		사 용 면 적	273.0 M²	
도 로 관 계	남측 15M 도로에 15.58M 접한대지			
구 조	철근콘크리트조			
건 물 높 이	16.30 M		건 물 층 수	지상 5층
용 도	근린생활시설/다세대주택(7세대)			
건 축 면 적	163.59 M2			
연 면 적	544.70 M2			
건 폐 율	163.59 M2 / 273.0 M2 x 100 = 59.92 %			
용 적 률	544.70 M2 / 273.0 M2 x 100 = 199.52 %			
승 강 설 비	9인승1대(유압식)			
주 차 대 수	근린생활시설	65.22/134 =0.48 대(주차해당없음)		
	다세대주택 (60m2이하0.8대)	7세대x0.8 = 5.6 대	합계: 5.6대 법정=5.6대	
	합 계	6.0(주택)+0.48(근생)=6.48대	실주차 : 6 대 *주차계획도참조	
조 경 면 적	대지면적5%이상 < 5.08% (조경계획도참조).			
정 화 조	정화조설치제외구역(우오수분리지역)			

자료 78 설계개요

꼬마빌딩 건축 관련 필수 용어가 설계개요에 모두 있는 것을 볼 수 있다. 설계개요에는 신축사업 대상지 현황과 사업 규모가 설명되어 있다.

우리가 신축한 꼬마빌딩의 대지면적은 273㎡(82.5평)이다. 대지면적은 토지 대장면적과 실제 사용면적으로 구분되는데, 그 이유는 건축선을 후퇴해 도로로 사용될 경우, 신축부지로 활용할 수 없는 면적이 발생할 수 있기 때문이다.

용도지역은 2종일반주거지역으로 서울특별시의 경우 용적률 200%, 건폐율 60% 내에서 신축이 가능하다. 실제로 법적 건폐율 59.92%, 용적률 199.52%로 대지를 최대한 활용해서 설계했다고 볼 수 있다.

구 분	호 수	전용면적	공유면적 계단실	세대별면적	비 고
1층	101호	65.22 M2		65.22 M2	근생시설
2~3층	2~301호	56.64 M2	14.48 M2	71.12 M2	2세대
	2~302호	59.05 M2	15.09 M2	74.14 M2	2세대
4층	401호	45.28 M2	11.58 M2	56.86 M2	1 세대
	402호	45.94 M2	11.75 M2	57.69 M2	1 세대
5층	501호	59.27 M2	15.14 M2	74.41 M2	1 세대
합 계		447.09 M2	97.61 M2	544.70 M2	근린생활시설(1호) / 다세대주택(7세대)

■ 세대별 면적표

자료 79 세대별 면적표

세대별 면적표에는 세대별로 전용면적과 공유면적(공용면적), 분양면적을 표시한다. 세대별로 독립적으로 사용하는 면적을 극대화하는 방향으로 설계 콘셉트를 가져갔다. 같은 투룸이라도 인근의 신축빌라의 쓰리룸과 같은 느낌의 구조로 설계한다면, 충분히 임대 경쟁력이 있을 것으로 판단했다.

건축주가 반드시 알아야 하는 도면은 주차계획도와 층별 평면도다

한번 설계가 확정되면 변경이 어렵고, 비용과 시간이 소요되기 때문에 건축주는 설계도를 꼼꼼하게 분석해야 한다.

주차계획도는 주차장의 구획 및 계획에 대한 도면이다. 다세대빌라의 경우, 대부분 1층을 필로티로 설계해서 주차장을 확보하는 구조로 한다. 법정 주차대수를 확보하지 못하면 건축 후 준공이 나지 않는다. 주차 계획도를 통해 주차대수, 동선, 주차로 등을 파악할 수 있다.

다음은 실제로 우리가 설계한 건물의 주차 계획도다.

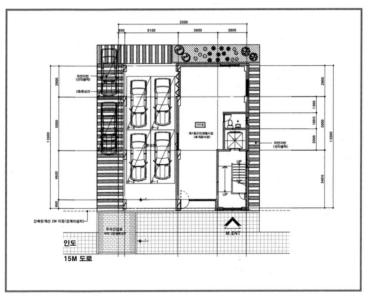

자료 80 주차 계획도

층별 평면도는 각 층의 방, 주방, 거실, 현관, 욕실 등의 위치와 면적, 개수를 나타내고, 문의 위치와 방향, 욕실의 변기, 세면대 등 세부적인 시설의 위치가 표시되어 있다.

건축주는 평면도를 볼 때 꼬마빌딩이 최종 구성되는 모습을 머릿속으로 그리면서 설계도를 봐야 한다. 입주자들이 선호하는 실내 구조를 고민하고, 실제로 도면에 반영해야 한다. 설계 시 고려했던 주요 포인트는 방의 배치에 따른 동선과 생활 편리성이다. 또한, 집을 사용하는 임차인이 현관문을 열고 들어왔을 때 집의 개방감이 필요했다. 실거주 측면뿐만 아니라 임대 시 첫인상을 좌우하기 때문이다.

주택의 경우, 아파트에서 선호하는 구조인 판상형 구조(방과 거실이 일자형으로 배치된 구조)로 설계의 주안점을 두었다. 빌라지만 아파트와 같은 동선의 구조가 나온다면 주변의 고가인 강남 신축아파트 전세에서 밀려오는 수요를 확보하는 데 경쟁력이 있는 빌라가 될 것이기 때문이다.

실제로 우리가 설계한 평면도를 보면, 거실과 방의 배치가 판상형 구조로 넓은 개방감을 주고 있는 것을 볼 수 있다.

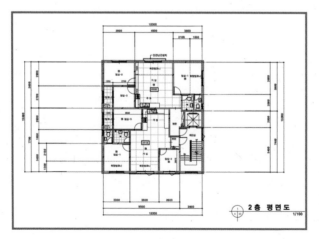

자료 81 상가건물 2층 평면도

꼬마빌딩
건축 준비하기

건축허가 없이는
꼬마빌딩을 지을 수 없다

현명한 사람은 기회를 찾지 않고
기회를 창조한다.
– 프랜시스 베이컨(Francis Bacon)

꼬마빌딩 건축설계가 마무리되면 건축사무소에서 건축 행정시스템인 세움터(https://cloud.eais.go.kr)에 건축허가를 접수한다. 이때 건축주는 사전에 건축허가 절차를 숙지하고 있어야 한다. 최종 건축허가가 완료되기 전에 건축과 공무원과 협의가 필요하기 때문이다.

건축허가 접수부터 건축허가 완료까지의 절차다.

자료 82 건축허가 절차

먼저, 설계사무소에서 설계도면이 완성되면 세움터에 건축허가를 접수한다.

자료 83 세움터 홈페이지 메인 화면(출처 : 세움터)

세움터를 통해서 허가접수에 필요한 서류와 도면들을 업로드한다. 허가 접수에 필요한 서류는 건축법 시행규칙 제6조에 명시되어 있다. 건축사무소에서 토지 소유에 대한 사항, 건축하려는 건물에 대한 설계도서를 세움터에 업로드하면 관계 기술자들, 즉 건축사, 구조기술사, 전기설비 설계사들이 공인인증을 하고 최종 접수를 하게 된다.

세움터에 건축허가가 접수되면, 해당 관청에서 건축 담당 공무원의 허가검토 업무가 시작된다. 건축물의 성격에 맞는 관내·관외의 유관부서에 허가 접수된 건축물을 허가를 내주어도 문제가 없는지 '협의'를 보내고, 유관부서에서는 건축허가에 대한 문제가 없는지에 대한 의견을 건축과 담당 공무원에게 회신하게 된다. 이상이 없을 경우, 건축허가가 되는 구조다. 건축허가까지 기간은 통상적으로 2주 정도 소요된다.

건물 임차인의 명도는
신축공사의 걸림돌이 될 수 있다

명장들도 처음에는 모두 아마추어였다.
– 빌 게이츠(Bill Gates)

신축할 때, 기존 임차인의 명도는 신축사업의 일정과 비용을 좌우한다

신축공사를 하기 전에 우리 부부가 가장 힘들었던 부분은 바로 기존 건물에서 살고 있는 임차인을 퇴거시키는 일이었다. 흔히, 임차인 명도라고 하며, 토지나 건물을 점유한 사람이 그 점유를 다른 사람에게 넘기는 것을 말한다.

상가건물의 경우, 기존에 영업을 오랫동안 해오신 분들과의 명도 협상은 초보 건축주에게는 어려운 문제다. 기본적으로 이사비를 많이 요구하는 경우가 많기 때문이다. 명도는 건축주에게 신축 일정과 비용이 걸려 있는 중요한 문제다. 신축을 목적으로 건물을 매입하고, 토지와 건축자금의 대출 조건도 건물에 거주하는 세입자가 없는 조건을 은행에서 요구한다. 신축 목적인 것을 확인하기 위해서다. 은행에서는 전입세대 열람원과 상가건물 임대차 현황을 확인하고 대출을 실행해준다.

꼬마빌딩을 신축할 때, 명도 비용과 일정을 단축하는 방법이다.

첫 번째, 명도 시나리오를 세우기 전에는 세입자를 절대 만나지 마라.

명도는 하나의 소규모 협상 프로젝트다. 명도 시작 전에 명도 일정, 명도 비용(합의금, 이사비용, 중개수수료, 상가의 경우 권리금을 요구하기도 함)의 예상 규모를 세워봐야 한다. 상가의 경우, 권리금을 미리 파악하고 영업이 어느 정도 되는지에 따라 협상 가능한 합의금을 산정해야 한다. 만약을 대비해서 명도 소송과 비용도 사전에 준비하고 있어야 한다.

두 번째, 임차인들을 개별적으로 만나라.

명도 협의 내용과 이사비용은 다른 세입자가 모르게 개별적으로 진행해야 한다. 여러 임차인이 명도 중인 사실을 동시에 알게 되면 이사비용이 올라가고, 협상은 난항에 빠질 가능성이 크다. 특히 명도 진행 초반부에는 절대 비밀로 유지해야 한다.

세 번째, 임대 기간에 따라 명도의 우선순위를 정하라.

명도할 때, 임대차 기간이 짧게 남은 세입자에서 많이 남은 세입자 순서로 명도를 진행해야 한다. 임대 만기가 얼마 안 남은 세입자는 어차피 곧 퇴실해야 하기 때문에 협상이 수월하다. 소정의 이사비용과 부동산 수수료를 제시하면 비교적 쉽게 명도에 합의할 수 있다. 초기에 세입자들이 명도 합의해서 주택이나 상가가 하나씩 비워지면, 남아 있는 세입자도 명도에 합의하는 방향으로 자연스럽게 유도할 수 있다.

마지막 악성 임차인과 건축주 둘만 남게 되어 있다

명도를 해보면 최종적으로 악성 임차인과 단둘이 남게 된다. 악성 임차인은 명도가 지연되면 철거 및 신축이 지연되고, 이는 건축주에게 이자비용 부담이 생기고, 준공이 지연되는 것을 알고 악용하는 경우가 종종 있다.

실제 필자의 경우, 1층 식당의 임차인이 명도 합의금만 무려 1억 원을 요구했다. 건물 뒤편에 있는 1층 식당의 골방에서 처음 만났는데, 이때 충격적인 이야기를 듣게 되었다.

"대출이 좀 있으시던데 합의금을 많이 요구하지 않겠습니다. 1억 원이면 원하는 일정에 이사할 의향이 있습니다."

이후 해당 임차인과 수차례의 협의와 내용증명을 통해 강조한 것은 단 한 가지다. 꼬마빌딩을 철거하고 신축하는 경우, 임대차법상 임대차계약의 연장이 안 된다는 점이다. 소송으로 갈 경우, 결국은 이사비로 합의금을 못 받을 수 있다는 점을 강조했다. 결과적으로 2개월 만에 합의가 되었다. 합의금은 임차인이 최초 요구한 금액의 10%도 채 안 되는 금액으로 합의되었다.

자료 84 명도 협의 장소 : 1층 식당의 가건물

42

시공사 선정 시
이것만은 꼭 확인해라

당신이 원하는 것은
두려움 저편에 존재한다.
– 잭 캔필드(Jack Canfield)

신축 건물의 철거부터 신축을 담당하는 시공사 선정은 건물을 지을
때뿐만 아니라 준공 후 하자 보수 및 건물의 유지 보수에도 중요한 역
할을 한다. 건축주가 신축부지를 확보한 다음, 가장 신경 써야 할 것은
바로 시공사 선정이다. 전체 사업비에서 공사비의 비중이 토지 매입비
다음으로 클 뿐만 아니라, 시공사를 잘못 만나면 잦은 수정으로 시공비
와 공사 일정이 늘어나기 때문이다.

다음은 실제로 우리가 꼬마빌딩을 신축할 시공사를 선정할 때 체크
한 가장 기본적인 요소들이다.

시공사 사업 현황 및 재무제표를 확인하라

시공사가 어떤 회사인지, 그리고 재무적으로 안전한지 확인해야 한다. 보통 꼬마빌딩 신축의 경우, 소규모 종합건설사에서 시공을 많이 한다. 동네업자보다 책임준공에 대한 보장도 높고, 경험과 노하우가 있으며, 건물 시공도 시스템화가 잘되어 있기 때문이다. 또한, 시공사를 설립한 대표의 이력을 확인하는 것은 매우 중요하다. 종합건설회사의 대표가 건축업계에서 계속 사업을 해온 사람인지 확인해봐야 한다. 단순히 자본을 유치해서 건축 기술자만 채용해 설립한 회사라면 건축전문가가 아닌, 집 장사하는 업체일 가능성이 있고, 전문성이 떨어질 수도 있다.

회사의 재무 건전성이 문제가 없는지도 확인해야 한다. 간혹 신축공사를 문어발식으로 벌이는 시공사의 경우, 특정 공사 현장에서의 사고가 다른 공사 현장에 연쇄적으로 영향을 주게 된다. 최악의 경우, 자금 경색으로 인해 공사 중단이 발생할 수 있다. 건설 업체의 현금흐름이나, 영업이익이 꾸준히 발생하고 있는 회사인지 반드시 확인이 필요하다. 신용도는 최상은 아니지만 우수한 시공사를 선정해야 한다.

시공사의 건설 현장을 방문하라

시공사의 꼬마빌딩 건축 실적 중에 건축주가 신축하려는 꼬마빌딩과 유사한 실적을 보유하고 있는지 확인해야 한다. 시공사의 최근 신축 건물을 보면 시공사의 건축 스타일을 확인할 수 있기 때문이다. 최소한 세 곳 이상의 현장을 방문하는 것이 좋다. 이미 준공한 건물과 함께 아직 시공 중인 현장도 함께 방문하는 것이 시공사의 시공 능력을 대략적으로 파악하는 데 도움이 된다. 이미 준공된 건물에서는 건물의 전체적인 디자인 느낌과 외부 마감, 아직 공실인 곳이 있다면 내부 마감까지 확인할 수 있다. 시공 중인 현장에서는 골조나 내부 방수공사를 꼼꼼하게 하고 있는지 확인해야 한다.

43

시공사와
도급계약서 작성하기

성공한 사람들이 도달한 높은 고지는
단번에 오른 것이 아니다.
경쟁자들이 밤에 잠을 자는 동안
한 발짝 한 발짝 기어오른 것이다
– 헨리 롱펠로(Henry Wadsworth Longfellow)

도급 계약서의 변경

시공사와 한번 작성한 도급계약서는 변경이 거의 불가하다. 변경하는 유일한 경우는 공사비의 증액뿐이다. 건축주는 도급계약서의 계약조항을 미리 파악해놔야 한다. 도급계약도 리허설이 필요한 이유다. 꼬마빌딩 신축에서 토지 대금 외에 가장 돈이 많이 드는 항목이기 때문에 신중하게 접근해야 한다. 도급계약 전에 시공사와 미팅을 통해 대략적으로 사전에 협의하지만, 신축공사 및 모든 프로젝트는 이해당사자 간에 작성한 계약서 기반으로 진행한다는 것을 명심해야 한다.

도급계약서 항목에는 무엇이 있을까?

건축주는 도급계약서의 항목들을 사전에 확인해야 한다. 건축주의 콘셉트에 맞게 마감 재료 및 건축사항과 계약 조건을 꼼꼼히 검토해야 하며, 이에 맞는 도급계약서를 작성할 준비를 갖춰야 한다. 시공사는 공사판에서 건축주보다 훨씬 전문가다. 또한, 건축주는 생애 처음으로 신축을 하는 초보자가 많기 때문에 시공사와 협상 자체가 쉽지 않다. 계약 전에 꼼꼼히 항목들을 파악하고 준비하는 방법밖에 없다.

시공사와의 계약은 건설공사 표준 도급계약서를 기준으로 도급계약서를 작성한다. 다음은 도급계약서 주요 항목과 우리가 고민했던 작성 시 주의사항이다.

No.	도급 계약서 항목 및 조건	유의 사항
1	주차 공사비	공사비에 포함
2	칠거 공사비	
3	발코니 확장비	
4	전기·가스·수도 등 인입비	
5	내·외부 마감 수준	국가기간 인증 제품(KS, Q마크)을 기준으로 품질 보장
6	공사비 지급조건	건축주의 자본금 및 대출 실행 시기에 따라 지급조건 협의
7	하자보수 보증	시공사에서 보증금 예치 및 보증보험 가입 요청
8	이행 보증	공사를 이행하겠다는 보증으로 시공 계약 후 바로 가입
9	산재보험·고용보험 가입 여부	산재보험 등의 가입의무자는 시공사로 가입 요청
10	종합 건설 면허	시공사가 종합건설면허를 가지고 있는지 확인해야 한다. (연면적 661㎡ 이하인 주거용 건축물로서 3개 층 이상인 공동주택을 신축하는 경우 종합건설면허가 필요)
11	허가조건 공사비	건축허가 시 추가되는 허가조건이 시공과 관련된 것은 시공사에서 이를 처리하는 것으로 계약
12	공사 기간	공사기간을 정확히 명시
13	장애물 이전 및 철거	신축부지 주변의 전신주 등 장애물 이전비용에 대한 협의
14	민원 처리비	시공과정에서 소음, 분진 등의 민원발생 시 제거 비용 협의
15	공사포기각서	계약사항 위배 시 공사를 포기하고, 공사비 지급비용에 처리 및 공사비 지급문제에 대한 협의

자료 85 도급계약서 조건 및 작성 시 유의사항

공사비는 반드시 산출 기준이 있어야 한다

수지분석표를 통해서 볼 수 있듯이, 전체 사업비에서 공사비는 30% 이상을 차지한다. 그만큼 공사비는 사업수익에 절대적인 영향을 미친다.

시공사에 공사견적을 의뢰하면, 대부분 평당가격으로 검토 결과가 나온다. 하지만 평당가격으로는 공사비의 적정성을 절대로 판단할 수 없다. 왜냐하면, 실제 공사조건과 건물의 마감 조건이 천차만별이기 때문이다. 따라서 공사범위를 명확히 하지 않으면, 공사비는 결국 증액될 수밖에 없다. 대표적인 추가공사 항목으로는 필로티 주차장 공사비, 철거비, 전기·수도·가스 등의 인입비다. 이 항목들은 반드시 최초 계약 시 공사비에 추가 여부를 명확히 해서 견적을 요청해야 한다.

도급계약을 하기 전에 건축주가 생각하는 건물의 마감재를 정해야 한다. 내·외부 마감재에 따라 건축비도 달라지고, 향후 분양 및 임대에 영향을 끼치기 때문이다. 마감재를 결정할 때는 인증된 자재 기준을 정하고, 실제 마감자재를 시공 현장과 모델하우스를 방문해서 확인하고 결정해야 한다. 결국, 공사비의 산출 기준에 대한 재료는 건축주 스스로 공부하고 준비해둬야 한다. 그렇지 않으면 평당 공사비라는 유혹에 빠져들기 쉽기 때문이다. 평당 공사비로 협의하는 순간, 공사비는 반드시 늘어난다는 것을 명심하라.

꼬마빌딩
인허가 알아보기

> 세상에서 가장 지혜로운 이는 배우는 사람이고,
> 세상에서 가장 행복한 이는 감사하는 사람이다.
> – 《탈무드》

꼬마빌딩 인허가는 건축허가, 착공 신고, 설계변경허가, 사용승인 단계로 이루어진다

꼬마빌딩 신축할 때 관할 구청에 허가 및 승인하는 절차가 필요하다.

건축허가

건축허가는 현행 법규에 맞게 설계도면을 그려서 대상 토지 위에 계획된 건물을 신축하겠으니 법적으로 문제가 없으면 허가를 해달라고 하는 것이다.

착공 신고

착공 신고는 허가를 받은 건물을 짓기 시작하겠다고 관할 관청에 신고하는 것이다. 건축주는 착공 신고를 할 때 건축관계자(설계자, 공사시공자, 공사감리자)와 계약서를 작성하고 사본을 첨부해서 제출해야 한다. 착공 신고 전에 모든 계약이 완료되어야 한다. 통상 착공 신고는 도급계약을 한 경우, 공사 시공사가 착공 신고를 접수한다. 도급계약서 작성 시 설계사무소와 시공사 및 착공 신고 주체에 대해 협의해놓을 필요가 있다.

설계변경허가

설계변경허가는 공사를 진행하던 중에 건축허가의 설계내용을 변경해야 하니 허가를 달라는 것이다. 건축허가 접수와 동일한 절차를 밟아서 진행하면 된다.

사용승인

모든 인허가의 최종 단계다. 사용승인은 공사를 끝냈으니 적법하게 지었는지 검사하고, 승인을 내달라고 요청하는 것이다. 공사 시공 중에 건축법 제22조에 명시된 많은 법규에 해당하는 각각의 공사를 완료하고, 각 주무관청에 '완료필증'을 교부받은 다음, 사용승인 신청을 할 때 첨부하는 것이다. 건축 담당 공무원들은 각각의 필증이 첨부되었는지를 확인하고 적법 시 사용승인을 한다.

꼬마빌딩 시공의 감독관인
감리계약하기

첫 걸음은 자신에 대한 존경심에서
– 니체(Friedrich Wilhelm Nietzsche)

건축주는 감리를 통해서 시공사가 설계도대로 시공하는지 관리 감독을 할 수 있다. 설계계약과 별도로 감리계약을 해야 한다.

감리란, 건축물이 설계도서의 내용대로 시공되는지를 확인하고, 품질관리·공사관리·안전관리 등에 대해 지도·감독하는 행위를 말한다. 한마디로, 설계와 시공이 따로 놀지 않도록 중간에서 연결해주는 중요한 역할을 하는 것이 감리다. 간혹 공사 현장에서 감리 부실로 잘못된 자재를 사용해서 사고가 발생하는 경우를 볼 수 있다. 이처럼 감리는 시공의 품질을 높이고 안전을 위해서 꼭 필요한 단계다.

감리 선정도 법으로 규정되어 있다. 건설업자가 시공하는 경우(분양건축물 제외)에는 허가권자가 감리자를 지정하지 않고 건축주가 지정한다.

반면에 건축주가 직접 시공하는 소규모 건축물의 경우에는 허가권자가 감리자를 지정하도록 되어 있고, 30세대 미만 공동주택의 경우에는 소규모는 아니지만, 분양자의 재산권보호, 품질 및 공정관리 등을 효율적으로 하기 위해 허가권자가 감리자를 지정하도록 하고 있다.

감리비용은 서울, 경기도 기준 연면적 평당 5~7만 원 수준이다. 감리비용은 계약 후 30%, 골조공사 완료 후 30%, 사용승인접수 후 40%를 지급하는 조건으로 협의해 시공 단계별로 결과를 확인하고 지급하는 것이 건축주에게 유리하다. 또한, 설계변경이나 공사 지연으로 인한 추가 감리비는 없는 것으로 계약서에 명시해야 한다. 감리자와 협의 후 감리 수행 방법, 계약 기간 및 지급조건을 건축주와 건축 상황에 맞게 계약을 진행하면 된다.

자료 86 감리계약서

공정 관리만 잘해도
꼬마빌딩 신축공사의 70%는 성공한다

삶의 목적은 자기계발이다.
자신의 본성을 완벽하게 실현하는 것,
바로 그 목적을 위해 우리 모두가 지금 여기 존재한다.
– 오스카 와일드(Oscar Wilde)

건축사무소와 설계를 진행하면서 우리 같은 초보 건축주의 머릿속에 계속 떠오르는 걱정거리가 있었다.

"건물은 어떤 순서로 지어질까? 회사에서도 업무계획표가 있듯이 꼬마빌딩 신축도 공정 절차서나 타임라인 같은 것이 있을까?"

건축주가 꼬마빌딩 신축에 앞서 두려움이 생기는 가장 큰 이유는 꼬마빌딩의 공사 절차와 일정 시간을 모르기 때문이다. 회사에서도 제품의 기획을 할 때 제일 처음 이해해야 되는 것은 제품 개발 프로세스와 각 단계의 스케줄이다. 상가주택의 신축도 꼬마빌딩이라는 새로운 건축물을 만드는 작업으로, 회사의 제품 개발과 동일하다.

우리는 꼬마빌딩 신축공사의 전체 과정을 그려보았다. 자료 87은 실제로 각 신축 단계에서 공부하고 정리한 꼬마빌딩 신축 공정 절차다. 소규모 꼬마빌딩 신축의 공정 절차는 현장 상황에 따라 변동 가능성이 있지만, 대부분은 유사하다. 우리가 신축 전에 세운 계획과 실제 공정은 대부분 유사했다. 꼬마빌딩 신축공사가 시스템화되어 있기 때문이다.

소규모 상가주택의 신축은 최소 24주(6개월)가 소요된다

STEP	꼬마빌딩 신축 절차			소요시간
				*건축상황에 따라 가변적임
1. 준비 단계	건축상담	가설계 및 수정	공사 계약 체결	4 Week
2. 뼈대 만들기	건축허가	건설착공계 접수 및 시작	골조 완성	12 Week
3. 내부/외부 채우기	내/외장 마감	창호 및 인테리어	기타 마무리	6 Week
4. 사용승인 및 등기	현황 측량 및 준공	건축물 사용승인	건축물 대장작성 및 등기 완료	2 Week

자료 87 꼬마빌딩 공정 절차

첫 번째, 신축 준비단계는 신축공사 여부를 결정하고, 시공사와 공사 계약을 하는 단계다. 종합건설회사와 할 경우, 계약을 한 번 하면 되나 건축주가 직영으로 하는 경우는 각 단계별로 계약을 건축주가 직접 챙겨야 한다.

두 번째, 꼬마빌딩 신축을 위한 착공 및 뼈대 만들기 단계다. 시공에서 가장 많은 시간이 소요되며 보통 3개월 정도 걸린다. 상가주택의 경우, 1층 상가부터 주인세대의 바닥까지 올라가는 단계라고 보면 된다.

세 번째, 꼬마빌딩 내부를 채우기 단계다. 건물의 얼굴인 정면부와 내부를 채우는 단계다. 내장, 외장 마감 등 본격적으로 건물을 꾸미는 단계다.

네 번째, 건축의 완료 단계다. 건축물의 준공을 알리는 사용승인 및 최종 건축주의 명의로 신축 건물의 등기까지 마무리하게 된다. 건물을 사용할 수 있는 단계이며 임차인이 입주할 수 있게 된다.

꼬마빌딩
시공

꼬마빌딩 시공할 때,
두 가지만 명심하라

> 문제의 핵심은 명확하다.
> 복잡하게 주저하지 말고 '단순함'에 도달할 것.
> 어느덧 잃어버린 내 인생의 '꿈'을 다시 좇을 것.
> 젊은 상태에서 머무르는 것이 아니라 어제보다 더 젊어져갈 것.
> – 르 코르뷔지에(Le Corbusier)

건축주에게 공사 일정은, 곧 돈이다

건축주에게 공사 일정의 지연은 곧 추가비용을 의미한다. 대출 이자를 그만큼 더 내야 하기 때문이다. 특히 강남구처럼 대출금액이 큰 지역에서는 공사 지연은 건축주에게 더 치명적이다. 꼬마빌딩 신축공사를 할 때 금리 5%로 20억 원 대출을 한다면, 공사기간 한 달 지연은 이자만 1,000만 원의 추가비용이 발생한다. 최근 금리 인상으로 대출 이자 비용은 더 커졌다. 꼬마빌딩 건축주가 공사 일정을 첫 번째로 관리해야 하는 이유다.

시공사 현장소장이 공사 현장을 지휘하도록 해라

우리 같은 직장인 건축주가 시공 현장에서 실시간으로 피드백을 주고받는 것은 현실적으로 불가능하다. 물론 신축 기간 내내 시공 현장에서 자재 입고 확인부터 시작해서 모든 과정을 체크하는 건축주도 많다. 그래서 '건물을 지으면 10년 늙는다'라는 말이 나오는 것 같다. 공사현장에서의 모든 결정은 돈과 직결되기 때문이다. 직장인 초보 건축주에게는 힘든 과정일 수밖에 없다. **시공 현장의 총감독관인 현장소장에게 위임하고, 중요한 사항에 대해서만 의사 결정하는 것에 집중해야 한다.**

48

꼬마빌딩 시공 :
기초공사

건물에 있어서 가장 견고한 돌은
기초를 이루는 가장 밑에 있는 돌이다.
– 칼릴 지브란(Kahlil Gibran)

기초공사는 말 그대로 건물의 기초를 다지는 작업으로, 시공의 가장 기본이 되는 공사다. 건축주와 시공사 및 건축관계자가 가장 신경을 써야 하는 첫 단추다. 건물을 철거하고 바닥을 평평하게 만드는 버림타설까지 약 1~2주가 소요된다.

경계 측량

꼬마빌딩을 짓기 위해 건물을 철거하고 가장 먼저 해야 하는 일이다. 경계 측량은 공사를 착수하기 전에 신축할 부지의 경계점을 확인하는 절차다. 쉽게 이야기하면, 내 땅을 정확히 표시하는 작업이다. 특히 강남구 개포동처럼 대지지분이 평당 최소 5,000만 원에서 많게는 수억 원인 지역에서 측량 오류는 외제차 한 대를 날려버리게 된다. 건축주한 테 손해가 고스란히 돌아간다. 따라서 경계 측량 시 인접 대지의 소유자, 기타 관계자의 입회하에 측량한다.

경계 측량은 한국국토정보공사(https://www.lx.or.kr)에 신청 후 진행한다. 시공사와 건축주는 경계 측량 말뚝을 보존하는 것이 중요하다. 측량 결과에 따라 경계 말뚝을 설치해서 준공 때까지 보호 및 관리해야 한다.

경계 측량한 성과도를 기반으로 건축할 대지에 경계점을 기준으로 목수가 수평 규준틀을 설치한다. 대지경계선을 기준으로 외벽 중심선 라인을 표시하고 터 파기 할 부분을 마킹한다.

자료 88 경계 측량(건물 좌측)　　　　자료 89 경계 측량(건물 우측)

철거 비계 및 분진망 설치

철거 준비하기
공사 기간 중 필요한 임시 시설물로, 공사가 끝나면 해체, 철거하는 공사를 '가설공사'라고 한다. 철거 비계, 시스템 비계 등이 이에 해당한다.

철거 비계를 설치하고 분진막을 설치할 때를 잊지 못한다. 세입자 명도를 준비하면서 특히 1층 상가 세입자와의 협의 과정에서 마음고생했던 기억이 나면서 눈물이 글썽거렸다. 마음속으로 '이젠 정말 꼬마빌딩 공사를 시작하는구나' 하는 생각이 들었다. 한편으로는 잘 해낼 수 있을지 두려움도 밀려왔다. '그래, 한번 도전해보자!' 마음속으로 여러 번 외쳤다. 월급쟁이 직장인의 생애 최초 꼬마빌딩 신축공사가 시작되었다.

자료 90 철거 비계 및 분진망 설치

비계(飛階)
높은 곳에서 공사할 수 있도록 임시로 설치한 가설물이다.
철거 시 먼지를 막기 위한 분진망 설치를 위해 철거 비계를 설치한다.

기존 건축물 철거하기

꼬마빌딩 시공 절차는 무에서 유를 창조하는 과정이다. 지적도와 일치하는 땅의 모양이 드러나도록 철거해야 하는 것이 중요하다. 또한, 철거 후 폐기물도 업체를 지정해서 반출해야 한다. 철거 시에 나온 건설폐기물에 대한 처리 신고 필증과 결과를 준공 승인 시 제출해야 한다.

자료 91 기존 건축물 철거 1

자료 92 기존 건축물 철거 2

자료 93 기존 건축물 철거 3

자료 94 기존 건축물 철거 4

바닥 잡석 깔기 및 버림 콘크리트 타설하기

터 파기는 공사의 시작이라고 보면 된다. 건축물의 기초를 만들기 위해 지면을 파는 일이다. 건물 지을 자리를 만드는 작업이다. 터 파기 이후 지내력(지반이 구조물의 압력을 견디는 정도)를 검사한다. 지반의 지내력에 대해서는 사용승인 때 구조 안전확인서를 제출해야 준공된다. 지내력이 충분할 경우, 바닥 잡석 깔기와 버림 콘크리트 타설을 진행한다.

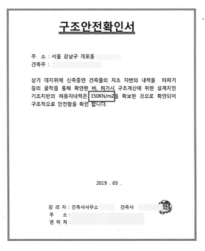

자료 95 구조 안전 확인서(지내력)

자료 96 잡석 깔기

자료 97 버림 콘크리트

바닥 잡석 깔기를 하는 목적은 터 파기를 하면서 약화된 지내력을 확보하기 위해서다. 버림 콘크리트는 기초를 시공하기 전에 50mm 이상 얇게 치는 콘크리트다. 바닥 잡석 다짐 위에 먹매김(먹줄로 기둥, 옹벽 등을 세울 곳을 표시하는 작업)하기 위해 표면을 수평으로 매끄럽게 하는 콘크리트다.

49

꼬마빌딩 한 개 층은
어떻게 만들어질까?

멈추지 않는 이상,
얼마나 천천히 가는지는 문제가 되지 않는다.
– 공자(孔子)

꼬마빌딩 신축에서 가장 드라마틱한 과정은 골조공사다

집 짓기에서 가장 드라마틱한 부분이 골조공사다. 골조공사부터 건물의 형태가 눈에 들어오기 때문이다. 골조공사는 건물의 뼈대를 만드는 공사로, 신축공사 전체 과정의 절반 이상의 시간과 비용을 차지한다.

골조공사는 건물의 각 층을 쌓아올리는 작업이다. 공사는 층별로 정해진 프로세스에 의해 지어진다. 목수팀과 철근팀, 전기 설비팀이 순서대로 작업하면서 한 개 층의 골조공사를 완료한다.

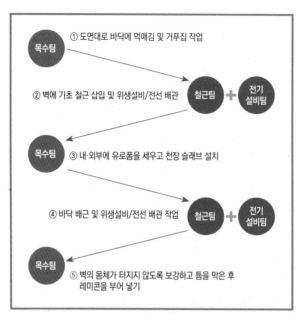

자료 98 공조 공사의 순서

우리가 실제로 신축한 골조공사 과정이나. 최상층 지붕 작업을 제외하고는 각 층이 거의 동일한 절차로 지어진다.

기초 먹매김 및 기초 거푸집 작업

먹매김은 골조공사의 주요 위치를 바닥에 표시하는 중요한 작업으로, 목수가 바닥에 정확하게 먹줄을 튕기는 일이다. 목수가 먹줄을 잘못 튕겨놓으면 그 이후의 모든 공정이 틀어지고 헛일이 된다. 설계사가 그 잘못을 발견하는 순간, 다 뜯어서 새로 작업해야 하기 때문이다.

자료 99 기초 먹매김 및 기초 거푸집 작업

거푸집은 콘크리트를 붓는 틀이라고 보면 된다. 따라서 콘크리트의 압력을 잘 버틸 수 있도록 틀을 잘 만들어야 한다. 콘크리트 안에 들어갈 철근과 전기선, 통신선 등의 배선을 미리 넣어놓는 작업도 이어져야 한다.

기초 철근·배관 작업 및 매트 타설

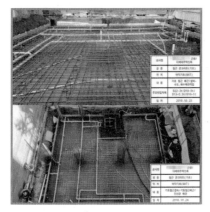

자료 100 기초 철근 및 배관 작업

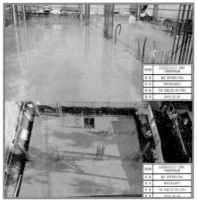

자료 101 기초 매트 타설

기초 매트 혹은 기초 콘크리트 타석은 건물의 단단한 바닥을 만드는 과정이다. 레미콘과 펌프카가 공사 현장에 계속 대기하면서 타설을 진행한다. 이때 소음과 먼지에 대한 민원이 발생할 수 있기 때문에 사전에 인근 주민들에게 알려서 민원을 방지해야 한다. 타설 후 양생 기간은 2~3일 정도 소요된다.

시스템 비계 설치 및 벽체 세우기

공사를 할 때 작업자들의 손이 닿지 않는 높은 곳에서 작업이 가능하도록 임시가설물인 비계를 설치한다. 비계는 비용이 더 들더라도 안전을 위해서 시스템 비계 설치를 추천한다. 콘크리트는 수직 방향의 힘은 강하나 수평 방향으로는 약하다. 콘크리트 속에 철근을 넣어서 수평 방향의 구조를 강화한다. 먹매김 작업을 통해 표시해둔 곳에 벽체를 만들기 위한 거푸집이 하나둘씩 세워진다. 대략 5~6일 정도 걸린다.

자료 102 1차 시스템 비계 설치 / 벽체 철근 배근 및 전선 배관 작업

천장 슬래브 및 보철근 배근 / 위생 설비 배관 및 전선 배관 작업

보 합판과 슬래브 합판 제작은 1층의 천장이자 2층의 바닥을 공사하

는 과정이다. 슬라브 합판 제작까지는 약 4~5일 소요된다. 이 과정에서 2층에 필요한 설비(전기, 통신, 수도 등) 작업도 진행된다. 기초 철근과 마찬가지로 꼼꼼하게 철근공사가 진행된다. 콘크리트를 타설할 시기가 되면 사전에 지정된 감리자도 와서 체크해야 한다.

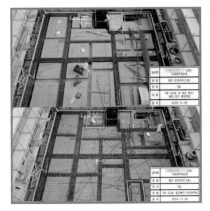

자료 103 1층 천장 철근 및 배관작업

자료 104 1층 콘크리트 타설

콘크리트 타설

콘크리트 타설과 함께 한 개 층이 완성된다. 콘크리트 타설 시 레미콘 업체와 사전에 계약해서 타설 일정을 잘 맞춰야 한다. 레미콘은 'Ready-mixed concrete'의 약어로, 미리 혼합된 콘크리트라는 뜻이다. 타설 시 진동기 작업이 병행되어야 한다. 콘크리트 내부에 진동을 주어 공극을 없애고, 배근된 철근과의 부착을 증진시켜주는 역할을 한다.

50

건물의 살을 붙이는 외관과 내장공사, 이렇게 진행된다

너 자신이 되라.
다른 사람은 이미 있으니까.
– 오스카 와일드

꼬마빌딩의 기초와 뼈대를 완성하는 골조공사가 끝나면, 본격적으로 건물의 내·외부 공사를 통해서 건물의 얼굴과 살을 붙이는 작업을 하게 된다.

외벽 석재와 창호

외벽 석재는 포천석으로 석재 고유의 느낌을 그대로 살렸다. 창호공사는 창과 문을 제작 설치하는 공사다. 창호공사는 약 일주일 정도 소요된다. 5층 옥탑의 지붕은 회색의 징크 마감으로 외부 석재와 일체감이 있도록 했다.

| 자료 105 외부 석재 작업 | 자료 106 창호 프레임 | 자료 107 지붕 징크 마감 |

난방·도시가스 배관 및 방통 미장

세대별 난방 배관인 XL파이프와 도시가스 배관 작업 후, 1층 상가와 빌라 세대별로 바닥에 콘크리트를 바르는 방통 미장 작업을 진행했다.

| 자료 108 난방 배관 및 도시가스 배관 | 자료 109 세대 방통 미장 |

건물 외관을 덮고 있는 시스템 비계를 철거했다. 건물의 첫 모습이 보이는 순간이다. 아마도 건축주에게 신축공사 기간 중 가장 인상 깊은 장면일 것이다.

자료 110 시스템 비계 철거

　우리가 건물의 콘셉트를 정하고 설계해서 시공한 건물이 눈앞에 떡하니 보이니 가슴이 벅찼다. 포인트를 준 건물 외벽의 커튼월(Curtain wall, 유리를 사용한 건물 외벽 마감)도 눈에 띄었다.

도시가스 인입 및 오수관 연결 작업
　세대별로 도시가스를 공급하기 위한 연결하는 작업이다. 세대별로 오수가 내려오는 오수관도 함께 작업한다.

자료 111 도시가스 인입 작업

자료 112 오수관 연결(굴착) 작업

엘리베이터 설치

터 파기를 할 때부터 엘리베이터 공간을 확보해야 하기에 공사 시작 전에 미리 엘리베이터 디자인을 선정하고 계약해야 한다. 우리는 향후 유지 보수 등을 고려해서 국내에서 점유율이 가장 높은 H사 엘리베이터를 선택했다.

자료 113 엘리베이터 설치

세대 내장 목공작업

2층에서 5층까지 빌라 세대의 방문과 천장 목공 작업이다.

자료 114 세대 내장 목공 작업

세대 / 계단 타일 및 석재 작업

자료 115 세대 및 1층 현관 타일

자료 116 계단 석재

세대 위생도기 / 보일러 설치 및 도배 작업

자료 117 화장실 및 보일러

자료 118 세대 도배

세대 주방가구 설치

세대 주방가구는 임대의 경우 보통은 시공사가 짓던 방식으로 브랜드 없는 업체를 통해서 짓는 경우가 많다. 개포동 인근 빌라 거래와 수요도를 조사한 결과, 가장 선호하는 인테리어는 내장 마감이 깔끔하고 A/S가 빠른 H사로 정했다.

자료 119 세대 주방 가구 설치   자료 120 세대 마루 시공

세대 마루 시공

보통 임대세대는 데코타일로 시공을 많이 한다. 우리는 비용이 좀 들더라도 전체 세대를 가성비가 높은 강마루로 시공해서 밝고 고급스러운 분위기를 연출했다.

주차장 시공 및 인도 블록 작업

자료 121 주차장 타설   자료 122 천장 및 블록 작업   자료 123 조경 작업

51

꼬마빌딩에서 엘리베이터 설치는
선택이 아닌 필수다

인생에 뜻을 세우는 데 적당한 때는 없다.
- 제임스 볼드윈(James Arthur Baldwin)

엘리베이터는 꼬마빌딩의 가치를 높이고, 사용자의 편리성을 위한 필수 아이템이다. 보통 예비 건축주는 상가주택신축을 하기 전에 엘리베이터를 설치할지, 말지 고민을 한다. 수천만 원 이상 하는 고가 품목이기 때문이다.

자료 124 엘리베이터(외부)   자료 125 엘리베이터(내부)

우리는 신축 시작 전에 엘리베이터 업체를 여러 군데 실제 미팅해서 제품의 장단점을 들어보았다. 우선 국내 엘리베이터 업체에 대해 우리가 조사한 내용이다.

H사는 국내 상가주택 엘리베이터 시장 점유율 70% 이상을 차지하는 1위 업체다. 사후관리가 타 업체보다 유리하다. H엘리베이터의 장점은 내부가 정사각형이면서 천장이 높아 긴 짐을 옮기는 데 편리해 보였다. 특히 엘리베이터 벽 중간에 손잡이가 있어 노인이나 몸이 불편하신 분에게 많은 도움이 될 것 같았다.

T사는 과거 동양엘리베이터를 인수한 독일계 회사다. 디자인이 모던하고 좋았으나, 엘리베이터 앞뒤가 길게 되어 있어 옆으로 좁아 불편해 보였다.

O사는 과거 LG산전의 엘리베이터 부서를 인수한 회사로, 세계 최초의 엘리베이터 제조사로서 국제적 명성이 대단한 회사다. 우리 기준에는 디자인이 약간 올드하고, 가격도 다른 제조사보다 비쌌다.

우리는 각 엘리베이터 회사와의 미팅에서 받은 브로슈어를 꼼꼼히 비교한 후, 브랜드와 가격대를 고려해 최종적으로 H사의 엘리베이터를 선택했다. 향후 임대 관리 측면을 고려했을 때 A/S가 가장 용이해 보였기 때문이다.

엘리베이터는 설치부터 유지 보수까지 건축주가 신경 써야 하는 중요한 항목이다.

우리가 검토한 엘리베이터의 가격과 유지 보수에 필요한 사항이다.

엘리베이터 설치가격

브랜드와 탑승 인원에 따라 다르지만, 7인승 기준 대략 4,000만 원(부가세 별도) 정도 소요된다. 이사 등을 고려했을 때, 정사각형 모양과 천장이 높을수록 사용 편이성이 높아진다.

유지 보수

엘리베이터는 유지 관리 업체를 통해서 유지 보수가 필요하다. 비용은 10~15만 원(부가세 별도) 수준이다.

승강기 화재보험

꼬마빌딩에 설치된 엘리베이터는 승강기 화재보험에 가입해야 하며, 미가입 시 과태료가 부과된다.

승강기 관리인

승강기 관리인을 지정해서 정기적으로 승강기 교육을 이수해야 한다. 보통 건축주 본인으로 지정한다.

52

꼬마빌딩
상량식

실패한 일을 후회하는 것보다
해보지도 못하고 후회하는 것이 훨씬 바보스럽다.
– 《탈무드》

상량식을 통해 꼬마빌딩의 안전한 공사와 마무리를 기원하고
입주민의 행복을 빌다

상량식은 집을 지을 때 기둥을 세우고 보를 얹은 다음, 마룻대를 올리는 의식이다. 짓는 건물에 재난이 없도록 지신(地神)과 택신(宅神)에게 제사를 지내고, 상량문을 써서 올려놓은 다음, 모두 모여 축연을 베푸는 행사를 의미한다.

현장에는 상량식을 제대로 안 하면 건물에 누수나 사소한 하자가 많이 발생한다는 미신 같은 이야기가 있다. 우리는 골조공사를 위해 지금까지 고생해주신 분들에게 감사하고, 또 남은 공정도 준공까지 무탈하게 마무리를 기원하기 위해 상량식을 하기로 했다.

보통 상량식은 꼬마빌딩의 골조공사가 끝나고, 마지막으로 지붕을 덮는 작업을 할 때 제사 형식으로 진행한다. 우리는 천주교 집안으로 성당 미사 형식으로 진행했다. 아버지께서 직접 공조공사가 완료된 층마다 신성한 성수를 뿌리는 의식을 하셨고, 안전하게 공사가 마무리되어 건강하고 행복이 가득한 집이 되길 기도했다.

상량식을 미사로 하다

상량식 전날, 아이들과 상량판을 꾸미면서 우리가 신축하는 꼬마빌딩이 무사히 완공되고, 앞으로 입주하는 입주민들의 건강과 행복을 기원했다.

자료 126 상량판

자료 127 상량식 미사 기도문

자료 128 미사 전 성수예식

53

꼬마빌딩의 첫인상이
건물의 가격을 결정한다

우리는 행복하기 때문에 웃는 게 아니라,
웃기 때문에 행복하다.
– 윌리엄 제임스(William James)

외벽공사가 마무리될 때쯤 시공사 현장소장님한테 전화 한 통이 걸려왔다.

"건물 간판, 어떻게 할지 생각해본 것이 있나요?"

건물의 이름과 첫인상을 어떻게 만들어야 할지 결정하는 것은 건축주에게는 쉽지 않은 숙제다. 꼬마빌딩의 첫인상이 곧 건물의 전체적인 이미지가 되고, 건물 가격에도 영향을 주기 때문이다.

꼬마빌딩의 첫인상은 건물의 앞모습에서 결정된다. 건물 전면부는 건물 간판과 건물의 내·외부를 연결하는 출입구다. 우리는 사용자 관점에서 최대한 심플하고, 도시적인 이미지의 콘셉트를 생각했다. 먼저 1층을 향후 카페 또는 브랜드 헤어샵 입주를 생각하고 있어 최대한 심플한 디자인을 선택했다.

자료 129 건물 간판 및 간접 조명   자료 130 건물 간판(야간)

　출입구 위치는 설계 때부터 건물 정면으로 선정했다. 우리가 짓는 상가주택은 도로와 인도에 바로 인접해 있기 때문에 외부에서 가시성과 사용자의 편리성을 높이기 위해 출입구를 건물 정면부로 만들기로 했다. 야간에 건물을 은은하게 비춰줄 수 있는 간접조명도 고려했다. 간접조명을 통해 건물 이미지도 높이고, 야간 주차 시 사용자에게 편리성을 제공하고자 했다.

건물 간판

　간판 디자인은 어떤 재질과 조명을 사용할지도 종합적으로 생각해야 한다. 보통 간판의 종류는 아크릴, 철/황을 주로 사용한다. 조명은 저녁에도 은은하게 건물을 밝힐 수 있도록 아크릴과 그 내부에 전기 조명을 넣어 심플하게 만들었다. 간판 제작 후 인근 부동산 중개사무소 및 주민으로부터 밝고 세련된 이미지라는 평을 많이 받았다. 신축 후 심플하고, 세련된 조명 간판 덕분에 건물 홍보 효과도 볼 수 있었다.

건물 출입구

상가주택이나 다세대주택의 출입문 종류로는 스윙문과 슬라이딩 자동문이 있다. 스윙문의 경우 슬라이딩 자동문에 비해 가격도 저렴하고, 디자인 측면에서 특별한 멋을 낼 수 있지만 이사할 때 불편한 점이 있다. 슬라이딩 도어는 건물 현관에서 비밀번호를 입력하면 자동으로 오픈되어 편리하고 현대식 느낌을 준다. 이런 장점 때문에 요즘 신축하는 꼬마빌딩은 대부분 슬라이딩 자동문 방식의 현관문을 설치한다.

자료 131 자동 슬라이딩 출입문　자료 132 출입문 호출 장치　자료 133 출입구 태양열 전등

건축의 완성을
알리는 준공

남들이 지나간 길을 따라만 가려고 하지 말고,
남들을 위해 새로운 길을 만들어라.
– 조지 버나드 쇼(George Bernard Shaw)

가을부터 시작한 공사는 추운 겨울이 지날 때까지 계속되었다. 우리
가 짓는 긴물에도 봄이 오는 소리가 들렸다. 현장소장님에게 전화 한 통
이 왔다.

"준공까지 한 달도 채 안 남았습니다."

준공은 공사가 마무리되어갈 무렵, 건축의 완성을 알리는 절차다. 철
거가 공사의 시작이라면, 준공은 공사의 마무리를 의미한다. 준공이 건
축주에게 중요한 이유는 소유권 이전등기가 가능하기 때문이다. 건축
주 이름으로 신축 건물을 등록할 수 있다. 또한, 사용승인이 되어 신축
건물에 세입자가 입주할 수 있게 된 것을 의미한다.

꼬마빌딩 사용승인과 준공은 어떤 절차로 진행될까?

건물의 공사가 끝나면 지자체기관에 공사 완료에 대한 확인을 받아야 한다. 이 과정을 '준공'이라고 한다. 건물은 사용승인을 받아야 등기를 하고, 건축물을 사용할 수 있는 권한을 얻게 된다. 승인을 받기 위해서는 적법한 설계도서로 허가를 받고, 허가받은 도면대로 공사를 완료했다는 것을 국가에 확인받아야 한다.

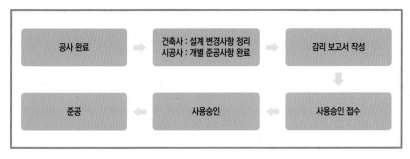

자료 134 준공 절차

사용승인 접수 전에 시공사는 정화조, 승강기, 조경, 주차장, 통신, 소방, 전기, 도로, 상수, 오수 등 개별 준공사항을 미리 받아서 서류로 준비해놓아야 한다. 그리고 시공사에서 개별로 준공받고 나면 전체를 취합해서 건축과에 사용승인을 접수한다.

이후 감리가 감리보고서를 준비하고, 특검(업무대행 특별 검사원)이 나오면 모든 과정은 거의 끝이 난다. 우리가 지은 꼬마빌딩에도 특검이 나왔는데 시공사 대표님까지 오셔서 잘 설명해주신 덕분에 문제없이 마칠 수 있었다. 불법 건축을 하지 않았기 때문에 걱정은 없었지만, 처음 받는 특검이라 많이 떨렸다.

꼬마빌딩 사용승인 받을 때 이것을 주의해라

사용승인 시 현장에서 가장 문제가 많이 생기는 유형이다. 위반 시 시정해야 하며, 건축주에게는 그만큼 비용과 시간이 걸리기 때문에 미리 점검해야 한다.

① 주차장 법정 크기(2.3 × 5.0 m)
② 난간 높이가 외부는 1.2m, 계단은 0.9m
③ 층고를 늘려서 시공하는 경우
④ (다세대) 도로 측과 인접 대지 측에 1m 공지 확보
⑤ 정북일조 사선 준수
⑥ 다락의 난방(다락은 법적으로 거실 사용 불가능)
⑦ 피난 방화, 불연, 난연 등의 요소

■건축법 시행규칙 [별지 제18호서식] <개정 2018. 11. 29.>

사용승인서

· 건축물의 용도/규모는 전체 건축물의 개요입니다.

건축구분		허가(신고)번호	
	신축	2018-건축과-신축허가-	
건축주			
대지위치			
	서울특별시 강남구 개포동		
지번			

※ 「공간정보의 구축 및 관리 등에 관한 법률」에 따른 지번을 적으며, 「공유수면의 관리 및 매립에 관한 법률」 제8조에 따라 공유수면의 점용·사용 허가를 받은 경우 그 장소가 지번이 없으면 그 점용·사용 허가를 받은 장소를 적습니다.

대지면적			273 ㎡
건축물명칭		주용도	공동주택(다세대주택)
	JAY HAUS		
건축면적		건폐율	
	163.59 ㎡		59.92 %
연면적 합계		용적률	
	544.7 ㎡		199.52 %
가설건축물 존치기간			

그 밖의 기재사항

※ 「건축법」 제77조의4에 따른 건축협정을 체결한 건축물 또는 「건축법」 제77조의14에 따른 결합건축 협정을 체결한 건축물인지 여부를 기재합니다(해당하는 경우로 한정합니다).

귀하께서 건축·대수선 또는 용도변경한 (가설)건축물의 사용승인서를 「건축법 시행규칙」 제16조에 따라 교부합니다.

2019년 03월 28일

강 남 구 청 장

자료 135 사용승인서

준공 후 건축주가 해야 하는 일 : 건축물대장, 취득세 납부, 보존등기 하기

사용승인서를 구청에서 수령한 뒤에는 건축물대장을 접수해야 한다. 건축물대장을 접수할 때 중요한 것은 면적 및 소유자의 주민등록번호 등 인적사항 등을 정확하게 확인하는 것이다.

집합건축물대장(표제부, 갑)

(2쪽 중 제1쪽)

고유번호	1168010300-			명칭	JAY HAUS	호수/가구수/세대수	1호/0가구/7세대
대지위치	서울특별시 강남구 개포동		지번		도로명주소	서울특별시 강남구 개포로	

※대지면적	273㎡	연면적	544.7㎡	※지역	제2종일반주거지역	※지구		※구역	
건축면적	163.59㎡	용적률 산정용 면적	544.7㎡	주구조	철근콘크리트구조	주용도	공동주택(다세대주택 7세대), 근린생활시설	층수	지하 1층/지상 5층
※건폐율	59.92%	※용적률	199.52%	높이	16.3m	지붕	(철근)콘크리트	부속건축물	동 ㎡
※조경면적	13.86㎡	※공개 공지/공간 면적	㎡	※건축선 후퇴면적	㎡	※건축선 후퇴거리			m

		건축물 현황					건축물 현황		
구분	층별	구조	용도	연적(㎡)	구분	층별	구조	용도	면적(㎡)
주1	1층	철근콘크리트구조	제1종근린생활시설(휴게음식점)	65.22	주1	옥탑1층	철근콘크리트구조	다락(연면적제외)	65.52
주1	1층	철근콘크리트구조	계단실,ELEV	19.52			- 이하여백 -		
주1	2층	철근콘크리트구조	다세대주택(2세대)	135.21					
주1	3층	철근콘크리트구조	다세대주택(2세대)	135.21					
주1	4층	철근콘크리트구조	다세대주택(2세대)	110.74					
주1	5층	철근콘크리트구조	다세대주택(1세대)	78.8					

이 등(초)본은 건축물대장의 원본내용과 틀림없음을 증명합니다.

발급일: 2019 년 12 월 02 일

강 남 구 청 장

담당자:
전 화:

자료 136 건축물대장

건축물대장이 나오면 구청의 세무과에 가서 취득세를 납부해야 한다. 신축해서 원시 취득하는 경우, 주택은 2.96%, 상가는 3.16%의 취득세를 내야 한다. 주택임대 사업자의 경우, 주택의 경우, 취득세 감면이 된다.

취득세 납부 후 원시 취득에 따른 소유권 이전을 하는 보존등기가 가능해진다. 우리가 지은 상가주택처럼 다세대주택인 경우, 세대별로 별도 등기를 하게 된다. 이 모든 과정을 마무리하면 준공이 완료된다. 꼬마빌딩이 세상에 태어나게 되는 것이다.

8

꼬마빌딩
임대와 관리하기

건축주가 상가주택을
직접 홍보하라

현장소장으로부터 준공까지 한 달이 채 안 남았다는 이야기를 듣고 무엇을 준비할까 고민해보았다. 머릿속에 딱 떠오르는 것이 바로 임대였다. 준공 후 가장 중요한 것은 공실을 최대한 빨리 없애는 것이었다.

꼬마빌딩 홍보 팸플릿부터 직접 만들기

우리는 신축한 꼬마빌딩만의 차별점을 직접 홍보해보기로 했다. 직접 홍보 팸플릿을 만든 이유다. 팸플릿에는 기본적인 입지와 우리 건물의 디자인과 브랜드 제품의 인테리어를 강조했다.

자료 137 자체 제작 홍보 팸플릿

자료 138 홍보 현수막 설치

외부 홍보를 위해 현수막을 건물 전면에 설치했다. 예상했던 것보다 건물 전면의 현수막을 통해 임대 문의 전화를 하는 경우가 많다. 직접 만든 팸플릿으로 부동산 중개사무소에 광고하고 현수막으로는 지나가는 유동 인구에게 어필했다.

56

꼬마빌딩 상가계약 시
이것만 기억해라

미래의 가장 좋은 점은
한 번에 하루씩 온다는 것이다.
– 에이브러햄 링컨(Abraham Lincoln)

상가주택을 준공 후 주택 7세대의 입주가 마무리될 때까지 상가는 여전히 공실이었다. 신도시아파트 단지의 경우도 아파트가 제일 먼저 입주하고 다음으로 상가가 채워진다.

자료 139 1층 상가(공실)

자료 140 1층 입주 후

상가계약 시 업종 선택과 임대보증금을 잘 챙겨야 한다

상가 임대는 한번 계약하면 임차인은 10년간 계약을 갱신할 수 있다 (2018년 상가임대차법 개정). 따라서 건축주나 임대인은 상가계약 전에 임대 업종과 특약사항에 대해 신중한 결정이 필요하다.

상가주택은 주택의 세입자를 생각해서 상가의 업종을 선택해야 한다. 소음이나 냄새가 많이 나는 술집은 피해야 한다. 1층에 술집이나 냄새가 심한 식당이 입점해 상층부의 주택 임차인이 이사해 공실이 발생하는 상황이 실제로도 빈번히 발생한다.

상가계약 시 임대보증금은 최소 15개월 임대료 이상으로 책정하는 것이 좋다. 상가의 경우 주택과 달리 장사나 사업이 안되면, 연체하는 경우가 많다. 또한, 임차인의 장기 연체는 명도 소송으로 진행할 수밖에 없으며, 최소 1년 이상이 소요된다. 보증금이 적을 경우, 임대인이 명도 소송에 승소해도 금전적으로 손해 보는 경우가 발생하기 때문이다.

57

주택임대 사업자는
표준임대차계약서로 계약한다

> 지금 시작하고 나중에 완벽해져라.
> ─롭 무어(Rob Moore)

우리는 주택신축을 하기 전부터 세금 및 출구전략으로 민간건설임대 사업자로 등록했다. 임대 사업자는 정부를 대신해 주택 공급 및 임대 의무를 부여받은 사업자다. 임대차계약서도 일반 부동산 계약서와 다르게 작성할 내용이 많다. 국토교통부에서 지정한 표준계약서 양식에 작성해야 하며, 미작성 시 과태료가 부과된다.

표준임대차계약서의 작성 항목 및 작성 시 주의사항

계약 당사자

임대 사업자의 주소, 주민등록번호, 임대 사업자 등록번호를 기재한다. 임대 사업자 등록번호는 관할 구청에서 임대 사업 등록 시 부여받은

자료 141 표준임대차계약서

등록번호를 기재한다.

민간 임대주택의 표시

주택 소재지, 주택 유형, 민간 임대주택 면적을 작성한다. 민간 임대주택의 종류는 관할 구청에 등록한 기준으로 장기 일반, 건설/매입 등을 구분해서 작성한다. **임대의무기간 개시일은 임대 사업자 등록일과 실제 입주일 중 늦은 날을 기준으로 한다.** 주택임대 사업자를 등록한 후 주택을 임대하는 경우에는 실제로 입주하는 날이 임대의무기간 개시일이 된다. 보증보험 가입 여부는 임대보증금 가입 조건에 따라 금액을 작성한다.

표준임대차 별지 작성

표준임대차 별지에는 본 계약서에 없지만, 계약 시 상호 간에 필요한 사항 및 특약사항을 기재한다. 공동임대인, 원상복구 조건, 관리비 및 임대차 만기 전 퇴실 시 조건 등 별도로 임차인과의 협의사항 등이 해당된다.

표준임대차계약서 렌트홈에 등록하기

임대 사업자는 표준임대차계약서로 진행 후, 계약 내용을 관할 구청에 계약일 기준으로 3개월 이내에 신고해야 된다. 미신고 시 과태료가 발생한다. 관할 구청을 방문해서 직접 신고를 할 수도 있고, 민간 임대 사업자 공식 홈페이지인 렌트홈에 접속해서 등록할 수 있다.

임대주택임대 조건사항 입력

계약일, 계약 기간, 임대보증금 및 임대료, 보증보험 가입 여부를 기입한다.

임대차신고 확정

관할 구청에 임대차신고를 완료하면 '나의 민원'에서 임대차신고 민원이 접수된 것을 확인할 수 있다. 보통 접수 후 수정사항이 없을 경우, 일주일 이내에 민원이 완결 처리된다.

번호	접수자치단체/대표자/민원명	내용	민원상태	작성일/접수일	처리예정일/처리일	확인서	필증발급
2	서울특별시 강남구 ㅣ 임대차계약 최초/변경신고 [사업자]	보기	접수	2021-11-10/ 2021-11-11	2021-11-24/	발급	
3	서울특별시 강남구 ㅣ 임대차계약 최초/변경신고 [사업자]	보기	완료(해결)	2021-10-13/ 2021-10-14	2021-10-27/ 2021-10-18	발급	발급
4	서울특별시 강남구 ㅣ 임대차계약 최초/변경신고 [사업자]	보기	완료(해결)	2021-08-01/ 2021-08-02	2021-08-13/ 2021-08-03	발급	발급

자료 142 렌트홈에 임대차계약서 신고(출처 : 렌트홈)

꼬마빌딩 주택임대 사업자
보증보험 가입하기

현재뿐만 아니라 미래까지 걱정한다면,

인생은 살 가치가 없을 것이다.

– 윌리엄 서머셋 모옴(William Somerset Maugham)

주택임대 사업자로 등록된 주택은 임대인이
직접 보증보험에 가입해야 한다

주택임대 사업자가 임대주택을 임대하는 경우, 임차인의 보증금에 대해 보증보험을 가입해야 한다. 임대보증금 보증보험 가입 제도는 깡통전세나 임대 사업자가 부도 등으로 인해 임차인의 보증금을 반환하지 못하는 경우, 보증기관(HUG 및 서울보증험공사 등)이 임대보증금을 대신 반환하는 제도다.

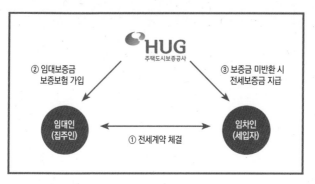

자료 143 임대보증금 보증보험 제도

기존 건설임대주택의 경우만 가입 대상이었으나 민간 임대주택법 개정으로 2020년 8월 18일 이후 등록분부터는 매입임대주택도 임대보증을 의무적으로 가입해야 한다. 금액 기준은 다음과 같다.

보증보험 가입 대상 금액
① 원칙 : 임대보증금 전액
② 예외 : (담보권설정 금액 +임대보증금) - 주택가격 × 60%

보증보험 가입 예외조건도 있다 담보권설정금액과 임대보증금의 합이 주택가격의 60% 이하인 경우와 보증금이 최우선변제금의 이하인 경우, 가입하지 않아도 된다.

보증보험료는 임대인이 75%, 임차인이 25% 부담하는 것을 법적으로 정하고 있다. 임대차계약 시 특약사항에 명시하는 것을 추천한다.

임대차보증금의 일부금액에 보증보험도 가입이 가능하다

꼬마빌딩 신축을 하면서 은행 대출이 있는 빌라의 경우, 전세가율이 높기 때문에 보증보험 가입 면제가 어려운 경우가 많다. 이 경우에는 일부금액에 대해 보증보험 가입이 가능하다. 단, 채권최고액(보통 대출금액 × 120%)이 주택가격의 60%를 초과하거나 채권최고액과 임차보증금의 합계가 주택가격을 초과하면 가입이 불가하다.

우리가 임대한 주택의 경우, 임대보증금이 4억 3,000만 원이고, 담보권설정금액(채권최고액)이 1억 6,080만 원으로, 합계가 주택가격(감정평가액)의 60%를 초과해 부분보증을 가입했다.

부분보증보험 가입금액 계산

1. 주택가격: 757,700,000원
2. 임대보증금 : 430,000,000원
3. 담보권 설정금액: 160,800,000원

부분보증금액 :

(430,000,000+160,800,000) - 757,000,000 × 0.6 = 136,600,000원

임대보증보증서 　　　　　　　　　　　　　　　　　보증서 출력번호

임대보증금 세부산출내역

기준일 :

사업장 : 　　서울특별시 강남구 개포로　　　　　　(개포동, 　　　　　)　　　　　(단위 : 원)

보증서번호	연적 (㎡)	동	호수	계약 일자	임대보증금 일부에 대한 보증시				잔액보증시	임대차기간		보증료	보증 일수
					담보관설정금 액(A)	임대보증금 (B)	주택가격 (C)	보증금액 (A+B)-(C×60 %)	보증금액 [임대보증금 (B)]	FROM	TO		
	59.85	1	302		160,800,000	430,000,000	757,000,000	136,600,000	0				365
합계					160,800,000	430,000,000	757,000,000	136,600,000	0				

자료 144 보증보험 산출 내역

최종 결과물인 보증보험 가입서는 렌트홈에 임대차신고할 때 업로드해서 보증보험 가입을 증빙해야 한다.

꼬마빌딩 오프라인과
온라인 중개를 동시에 하라

가장 큰 위험은 위험 없는 삶이다.
– 스티븐 코비(Stephen Covey)

부동산 투자자와 임대인이 가장 두려워하는 것은 공실(空室)이다

임차인이 없는 텅 빈 주택과 상가 건물주의 고통은 경험해본 사람만 알 수 있다. 꼬마빌딩 신축이 부지 매입부터 설계, 시공을 통해 건축물이라는 제품을 만드는 행위라면, 임대는 제품을 사용할 고객을 유치하는 판촉 및 판매 과정이다. 공실은 어렵게 구축한 임대 시스템에서 현금흐름(Cash Flow)이 막히는 상황이다. 건축주나 임대인은 공실이 기약 없이 이어질 경우 비용 부담으로 인해 정신적인 스트레스를 크게 받을 수밖에 없다.

우리가 사용했던 공실 방지 대책은 꼬마빌딩 준공 전에 공동 중개를 통해서 꼬마빌딩 인근 지역에 광고를 시작하고, 준공된 시점부터는 부동산 온라인 플랫폼을 활용해서 중개를 동시에 진행하는 것이었다.

첫 번째, 꼬마빌딩 준공 전에 공동중개를 시작하는 것이다.

꼬마빌딩을 신축 후 임대 개시부터 임대 완료까지 빌라는 2~3개월 이내, 상가는 6개월에서 1년 정도 소요된다. 준공 후 임대는 이미 공실을 만들 수밖에 없는 구조다. 준공 1~2개월 전부터는 건물 외관과 내부가 대략적인 윤곽을 갖춰가기 때문에 광고를 할 수 있는 시점이다. 자료 145는 우리가 실제로 준공 전에 부동산 중개사무소를 통해서 건물에 설치한 임대 광고 사진이다.

자료 145 준공 전 임대 광고

두 번째, 부동산 프롭테크 중개 서비스를 동시에 활용하는 방법이다.

프롭테크는 부동산과 IT를 접목한 온라인 중개 서비스다. 신축 건물 근처의 부동산 중개사무소를 통한 중개 방법이 오프라인 유통 방법이라면, 프롭테크 업체를 활용하는 것은 온라인을 이용해 다수의 임대 수요자에게 동시에 임대 광고를 하는 것이라고 보면 된다.

최근 들어 부동산 스타트업이 활성화되면서 부동산 중개 및 관리를 전문으로 하는 온라인 플랫폼이 출시되고 있어 임대계약 및 관리에 활용이 가능하다. 온라인 업체의 중개 서비스는 업체에서 중개를 전속해서 계약하는 경우와 여러 중개업소를 연결해주는 중개 장터와 같은 플랫폼 역할을 해주는 업체로 나뉜다.

프롭테크 업체의 가장 큰 장점은 빠른 스피드다. COVID19로 인한 비대면 시대에는 그 효과가 더욱 크다. 우리가 가입한 업체는 임대인이 물건을 중개하면, 플랫폼 업체에 가입한 부동산 중개사무소에서 광고를 보고 중개하는 구조다. 현장에서 직접 중개하는 것보다 훨씬 넓은 지역과 더 다양한 부동산 중개사무소에서 참여하기 때문에 중개 속도가 빠르다. 오프라인 부동산 중개사무소보다 최소 한 달 정도 계약 체결 속도가 빠르다.

자료 146 프롭테크 업체(모바일 중개 화면, 출처 : H꼬마빌딩 관리업체)

꼬마빌딩 유지보수 시스템으로 활용해라

여러 가능성을 먼저 타진해보라.
그런 후 모험을 하라.
– 헬무트 폰 몰트케(Helmuth von Moltke)

꼬마빌딩 신축이 끝나면 임차인 민원 대응 업무가 시작된다

꼬마빌딩 준공이 끝나면 임차인이 입주한다. 준공 전에는 건축주였지만, 준공 후에는 건물주가 되고 임대 관리라는 새로운 일을 만나게 된다. 신축은 시공사가 프로세스에 맞게 건축을 하면 되지만, 임대 관리의 경우 건물의 민원이 시시각각 발생한다. 건물 수리부터 주차 민원 같은 사소한 일들이 기다리고 있다.

건축주가 직접 24시간 임차인의 민원에 대응하는 것은 쉽지 않다. 시간과 비용을 최소화할 수 있는 임대 관리 방법을 찾아야 한다. 우리가 현장에서 알아본 결과, 임대 관리는 건물주가 직접 셀프 관리하거나 인근 전문 업체에 위탁 관리하는 방법, 부동산 프롭테크 업체를 통해 관리하는 방법이 있었다.

신축 후 2년은 건축주가 셀프 관리, 3년 차부터는 전문 업체를 활용해라

현장에서 꼬마빌딩을 신축하고 1~2년은 건물이 자리를 잡아가는 시기라고 종종 이야기한다. 셀프 관리를 하면서 건축주가 신축한 건물에 대해서 알아가는 단계이고, 건물 유지 보수를 배울 수 있는 시기다. 이 시기에는 건물 관리를 직접 하는 것을 추천한다.

신축 후 3년 이후부터는 프롭테크 업체, 5~7년 이후는 동네 위탁 업체를 고려한 체계적인 임대 관리 로드맵을 추천한다. 전문적인 임대 관리 업체를 선택한 이유는 체계화된 임대 관리를 통해 입주자의 만족과 건물 관리가 가능하기 때문이다. 무엇보다 건축주의 금 같은 시간을 아끼고 스트레스를 줄일 수 있다.

① 건물주 셀프 관리

셀프 관리는 신축 후 건물주들이 제일 많이 선택하는 방법이다. 신축 건물이라서 건물의 하자 발생 빈도가 적기 때문에 보수할 사항이 거의 없기 때문이다. 문제가 발생해도 신축했던 시공사에서 초기 A/S가 비교적 빠르다.

셀프 관리 방법은 건물 인근의 유지보수 업체를 건물주가 직접 섭외해야 한다. 철물점, 설비 업체, 청소 업체, 부동산 중개사무소와 함께

SNS를 활용해 실시간으로 민원에 대응하면서 건축주가 임차인과 업체를 모두 컨트롤해야 한다.

셀프 관리에서 중요한 것은 건물 하자나 민원 발생 시 세입자와 초기 소통이다. 민원 발생 시 사진과 동영상을 최대한 준비해서 불필요한 방문을 줄이는 것이다. 현장에서 업체 방문도 모두 비용이기 때문이다. 셀프 관리를 할 경우, 건축주의 시간 및 기타 수리하는 비용을 계산한다면, 매월 최소 20~30만 원 이상이 되기도 한다.

② 전문 업체 위탁 관리
건물 관리의 모든 사항을 전문 업체에 위임하는 방법이다. 관리 업체는 민원 관리부터 건물 청소 및 임대차 관리, 임차료 납부대행까지 전부 수행한다. 건물주는 임대 관리에 대한 결과만 보고 받는 관리 형식이기 때문에 별도의 시간을 할애할 필요가 없어 스트레스가 적다.

꼬마빌딩이 많은 빌라촌에서 10~20년 동안 임대 관리하는 업체들로 선정한다. 비용은 주택 기준 세대당 7~10만 원 청구된다. 위탁 관리는 신축 후 2~3년 후 건물하자가 나오기 시작하고 민원도 많아질 때 관리 방법으로 적합하다.

③ 부동산 프롭테크 업체 관리
지역의 전문 업체는 관리에 대해 전체를 위탁하기 때문에 비용이 많이 든다는 단점이 있다. 셀프 관리와 동네 위탁 관리 업체의 절충안으로 프롭테크 업체를 활용하는 방법이 있다.

우리가 계약한 A업체의 경우, 임대 중개 플랫폼을 기반으로 꼬마빌딩까지 관리하는 업체다. 건물주에게 중요한 요소인 임대계약에서 공실을 낮추는 시스템을 갖추고 있다.

자료 147 H 꼬마빌딩 관리업체의 브로슈어

프롭테크 업체의 비용은 빌라 각 세대당 3~4만 원 수준이다. 건물 청소의 경우, 별도 10~15만 원이 발생한다. 또한, 프롭테크에서 자체 개발한 모바일 애플리케이션을 통해 민원관리 결과를 실시간으로 확인할 수 있다.

임대 관리 방법 비교

구분	셀프 관리	프롭테크 업체	건물 인근 위탁 업체
건물 관리자	건축주	담당 매니저	담당 매니저
비용(세대/월)	1.5만 원 (월 2회 방문 기준)	3.5~5만 원 (부가세 별도)	7~10만 원 (부가세 별도)
임대 관리 서비스	건물 청소비 (15만 원/주2회)	– 임대차 관리 – 민원 응대 / 처리 – 하자 보수 처리 (별도) 건물 청소비 (15만 원/주 2회)	– 임대차 관리 – 민원 응대 및 처리, – 하자 보수 처리, – 청소(주 2회),
관리비용 총계 (빌라 7세대 기준)	25만 원	40만 원	50~70만 원

표 10 건물 관리비용 비교(8세대 기준)

건물 관리의 시작은 입주민
사용자 매뉴얼과 입·퇴실 체크리스트다

위험은 자신이 무엇을 하는지
모르는 데서 온다.
– 워런 버핏(Warren Buffett)

건물주의 최대 고민은 바로 입주민의 민원이다

꼬마빌딩을 신축한 후에 분양 및 판매하는 경우가 아니면, 임대를 먼저 하게 된다. 건축 기간은 6개월에서 1년이지만, 임대는 건축주의 사정에 따라 수년에서 8년 이상 임차인에게 임대한다. 우리의 경우, 주택임대 사업자에 등록했기에 8년 이상 의무 임대를 해야 한다. 신축 후 바로 판매하는 것이 아니라, 임대료와 시세차익을 볼 수 있는 장기적인 플랜이다.

건축주가 임대하는 순간 새로운 타이틀이 붙게 된다. 바로 '조물주 위에 건물주'라고 불리는 '건물주'다. 건물주는 건물에 민원이나 하자가 발생할 경우, 해결을 해야 하며 시설물에 대해 책임이 있다. 시설물에 사고나 문제가 없도록 유지 관리 의무가 있다. 임대하는 동안 임대 관리를 해야 하는 운명에 처한 것이다.

건물 관리는 무엇부터 시작하는 것이 좋을까? 우리가 생각하는 건물 관리의 시작은 건물에 대한 정확한 이해다. 건물주와 임차인이 건물 시설물 사용과 문제 발생 시 상황에 대해 올바른 이해를 하고 있어야 한다. 임대 후 임차인은 상가나 주택 거주 시에 특이상황이 발생해도 기본적인 사항은 셀프 처리가 가능하다. 건물 사용자 매뉴얼이 필요한 이유다. 건물 사용에 대한 가이드를 건물주가 제시하고, 이를 기반으로 건물을 관리해야 건물주도 주도적으로 건물 관리를 할 수 있고, 임차인이 건물을 사용할 때 불편이 줄어든다.

사용자 매뉴얼로 입주민은 민원 발생 시 초기에 셀프 조치가 가능하다

건물 시설물 사용 매뉴얼은 주택의 경우 더 중요하다. 24시간 생활하는 공간이기 때문에 상가보다 민원도 자주 발생하기 때문이다. 시설물 사용 매뉴얼의 주요 항목은 건물의 주요 공용시설의 위치 및 사용 방법부터 시작해 주택 내부의 가스보일러 문제 발생 시 조치 방법, 겨울철 동파 방지 방법 등을 포함한다. 사용자 부주의로 발행할 수 있는 수리비용 등 사용자의 책임에 관한 내용도 사용 매뉴얼에 언급하는 것이 좋다.

JAY HAUS 시설물 사용 방법 및 응급 조치

1. 공동 현관

- 공동현관 패널 앞에 위치 하면, 패널 우측 하단부에 ①번 표시가 나타납니다.
- ①번 표시를 누른 후 공용비밀번호를 누릅니다.
- 공용비밀번호를 누른 후 ②번 확인을 누릅니다.
- 세대 별 현관 비밀번호는○○○○입니다. 비밀번호 변경은 내부 도어락 겉면에 나와 있습니다.

2. 현관

- 각 세대 현관에는 일괄 소등 스위치가 있습니다.
- 각 등기구의 소등과 점등이 일괄 통제 됩니다.
- 소등 위치에 있을때는 개별 등기구 스위치가 작동 하지 않습니다.

3. 보일러

- 보일러 자동 전 가스밸브와 급수밸브를 확인 바랍니다.(급수밸브는 보일러 본체 아래에 위치)
- 밸브의 방향은 그림의 모양과 같은 방향으로 되어 있어야 합니다.
- 자세한 사용 방법은 사용 설명서를 참고 하십시오.

4. 전기

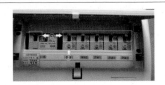

- ① - 차단기
- ② -차단기 테스트 버튼

- 그림의 상태가 정상적인 상태입니다.
- 차단기가 아래로 내려 오면 전기가 차단된 상태입니다.(위로 올리면,복구가 됩니다.)
- 복구가 되지 않을때, (차단기가 아래로 다시 내려 왔을때) 조치 방법
  ⓐ 사용 중인 모든 콘센트를 분리 시켜 주십시오.
  ⓑ 차단기를 올려 주십시오.
  ⓒ 차단기가 정상적으로 올라 갔을때는, 각 각의 콘센트를 결합하며 차단기를 확인합니다.
  ⓓ 차단기가 떨어지는 콘센트를 확인 합니다.(차단기가 떨어진 곳의 가전제품을 확인합니다)
  ⓔ 각각의 콘센트를 분리 후 차단기를 올려도 복구 되지 않을때, 관리자에게 연락 바랍니다.
- ②번 차단기 테스트 버튼은 사용 중 버튼을 누르면, 차단기가 아래로 내려와야 합니다. 내려 오지 않거나, 차단기를 복구 할때 정상적이지 않을때, 관리자에게 연락 바랍니다. 일정한 주기로 점검을 해 주십시오.

※ 사용자 과실에 의한 점검과 수리는 비용이 발생 할 수 있습니다.

자료 148 건물 시설물 사용 매뉴얼

체크리스트를 통해서 세입자의 입실을 꼼꼼하게 준비해라

건물 관리의 시작은 입주자의 입주와 퇴실 기록을 잘 관리하는 것이다. 세입자 입주 시점의 집 상태가 임대 관리의 기준이 되기 때문이다. 임대 기간 동안 임대인은 입실할 때를 기준으로 건물 시설물의 유지 보수를 해줘야 하며, 임차인도 시설물 파손 시 원상복구의 책임을 져야 한다. 이때 건물 상태에 대해 기준이 되는 것이 체크리스트다. 또한 체크리스트를 통해서 임차인에게 시설물에 관해 설명도 가능하다.

임차인이 입실과 퇴실할 때의 체크리스트를 정리해보았다.

■ 체크리스트

건물명			**호실**					
입실 / 퇴실 일자			**보증금 / 월세**					
체크 일자			**관리비 (항목)/ 주차비**					
기본옵션사항	□ 에어컨	□ 세탁기	□ 냉장고	□ TV	□ 침대		□ 책상	□ 옷장
	□ 붙박이장	□ 식탁	□ 싱크대	□ 신발장	□ 공유기/셋탑박스		□ 가스렌지	□ 인덕션
	□ 쿡탑	□ 전자레인지	□ 비데	기타				

구분	종류	개수	점검결과	비고(청구금액 등)
가구/가전	TV(리모컨)		□ 정상 □ 이상 □ 없음	
	세탁기		□ 정상 □ 이상 □ 없음	
	에어컨(리모컨)		□ 정상 □ 이상 □ 없음	
	공유기 / 셋탑박스		□ 정상 □ 이상 □ 없음	
	옷장 / 붙박이장 / 드레스룸		□ 정상 □ 이상 □ 없음	
	책상 / 식탁		□ 정상 □ 이상 □ 없음	
	침대 / 쇼파		□ 정상 □ 이상 □ 없음	
	신발장		□ 정상 □ 이상 □ 없음	
			□ 정상 □ 이상 □ 없음	
주방/욕실	가스렌지 / 인덕션 / 쿡탑		□ 정상 □ 이상 □ 없음	
	전자레인지		□ 정상 □ 이상 □ 없음	
	주방수전		□ 정상 □ 이상 □ 없음	
	싱크대 / 주방 상판		□ 정상 □ 이상 □ 없음	
	주방가구 상단, 하단		□ 정상 □ 이상 □ 없음	
	배수고거름망 / 배수구 캡		□ 정상 □ 이상 □ 없음	
	욕실수전 / 품업		□ 정상 □ 이상 □ 없음	
	주방후드 / 욕실 환풍기		□ 정상 □ 이상 □ 없음	
	도기류 (세면대, 변기)		□ 정상 □ 이상 □ 없음	
	유리류 (샤워부스, 거울, 거울장)		□ 정상 □ 이상 □ 없음	
	비데		□ 정상 □ 이상 □ 없음	
	휴지걸이 / 수건걸이		□ 정상 □ 이상 □ 없음	
	비누받침 / 컵받침		□ 정상 □ 이상 □ 없음	
	배관		□ 정상 □ 이상 □ 없음	
	타일		□ 정상 □ 이상 □ 없음	
	보일러 / 보일러 조절기		□ 정상 □ 이상 □ 없음	
			□ 정상 □ 이상 □ 없음	
보안장치	도어락/ 카드키 / 열쇠		□ 정상 □ 이상 □ 없음	
	현관문 (안전고리, 문고리 등)		□ 정상 □ 이상 □ 없음	
	인터폰 / 비디오폰 / 월패드		□ 정상 □ 이상 □ 없음	
	주차카드 (주차 리모컨)		□ 정상 □ 이상 □ 없음	
	캡스홈 도어가드 / SOS 비상버튼		□ 정상 □ 이상 □ 없음	
			□ 정상 □ 이상 □ 없음	
기타	실내문 (외관, 문고리 등)		□ 정상 □ 이상 □ 없음	
	전등		□ 정상 □ 이상 □ 없음	
	천장 (벽지, 몰딩)		□ 정상 □ 이상 □ 없음	
	벽면 (벽지, 타일)		□ 정상 □ 이상 □ 없음	
	바닥 (장판, 타일, 마루, 몰딩)		□ 정상 □ 이상 □ 없음	
	창문 샷시 / 방충망 / 난간대		□ 정상 □ 이상 □ 없음	
	콘센트 / 스위치		□ 정상 □ 이상 □ 없음	
	도색		□ 정상 □ 이상 □ 없음	
			□ 정상 □ 이상 □ 없음	
			□ 정상 □ 이상 □ 없음	
공과금	전기			
	수도			
	가스			
	기타			
기타금액				
인수인계시 계좌				

자료 149 임차인 입퇴실용 체크 리스트

CCTV를 24시간
건물 관리자로 활용해라

시작이 반이다.
– 아리스토텔레스(Aristoteles)

꼬마빌딩 신축 시 건물 주변에 CCTV를 설치하게 되어 있다. 건축법 상의 이유도 있지만, 실제 주택관리 시 소규모 주택일수록 방범 및 보완에 신경 써야 한다. 우리가 신축한 상가건물도 주차장을 포함해서 건물 코너 및 내부에 각각 총 9개를 설치했다. CCTV의 기본적인 역할은 건물 주변 및 내부 상태를 모니터링하는 것이다.

CCTV는 무인 건물 관리자

시간을 정해놓고 규칙적으로 모니터링하다 보면, 건물 주변의 문제점 들이 하나둘씩 포착되기도 한다. CCTV에서 찍힌 영상은 서버에 일정 시간 저장되기 때문에 향후 문제가 발생 시 증거 사진으로도 활용 가능하다.

주차 민원 관리

상가주택 필로티에 간혹 옆 건물 방문객이 불법 주차하는 경우가 있다. 이런 경우, 입주민에게 주차 불편이 발생할 수도 있고, 협소한 주차장에 주차 시 건물 파손이 발생할 수도 있다. 주차장에 설치된 CCTV를 활용해 불법 주차 차량 확인 및 조치가 가능하다.

도난 및 방범 관리

우리 건물 혹은 옆 건물에서 도난 문제가 발생할 경우, CCTV에서 이력을 확인해 제공해줄 수 있다. 옆 건물 입주민과 건물주 간의 관계 형성에도 도움이 되어 향후 민원 발생 시 원만하게 해결할 수 있다.

건물 주변 상시 관리

건물 주변의 외부에 방치한 물건을 CCTV로 확인해서 청소관리 업체에 요청해 건물 청소 시 정리힐 수 있다.

자료 150 CCTV 화면

건물 누수는
초기에 잡아야 한다

인생이란 네가 다른 계획을 세우느라 바쁠 때
너에게 일어나는 것이다.
– 존 레논(John Lennon)

임대인을 힘들게 하는 최고의 민원은 누수다

건물 하자와 민원 중에 가장 힘든 문제가 무엇일까? 바로 물이 새는 누수다. 누수는 문제의 원인을 찾기도 어렵고, 최악의 경우 임차인이 손해배상을 요구하기도 한다. 또한, 해결까지 많은 시간이 소요되기 때문에 임차인과 임대인 모두에게 스트레스를 주는 하자다. 누수가 장기화되면 곰팡이와 각종 악취 문제도 발생한다.

우리가 지은 상가주택에서도 신축 후, 2년 뒤 베란다에서 누수 문제가 발생했다. 건물 시설물에서 문제가 발생하면, 처음에는 신축했던 시공사와 먼저 상의하는 것이 좋다. 건물의 실제 구조를 가장 잘 알기 때문에 원인 파악이 빠르다.

누수의 우범 지역, 자연 베란다를 잘 관리해야 한다

누수는 물이 흐르지 못하고 고이는 곳에서 발생한다. 현장을 확인한 결과, 4층 자연 베란다에 장기간 물이 고여 있는 흔적이 보였다. 세대의 자연 베란다는 청소 업체의 관리가 어려운 구간이니 입주민의 관리가 필요한 곳이다. 여름철 장마 때 장시간 물이 고여 베란다 아랫 부분으로, 흔히 말하는 원인이 되는 누수의 물길이 생긴 것이다.

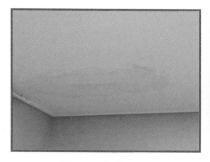
자료 151 3층 천장 누수

자료 152 바로 위 4층 물이 고인 위치

결국 베란다에 물이 장시간 고여서 미세한 균열로 누수가 된 것이다. 바닥을 뜯고 바닥 방수를 다시 해서 최종 누수를 잡을 수 있었다. 원인 분석에서 공사까지 무려 3개월간의 작업이었다.

현장에서 누수는 한 번에 해결되지 않는다는 이야기가 있다. 원인을 찾기가 어렵고, 한번 발생하면 시간과 막대한 비용이 소요되기에 사전에 방지하는 것이 최선이다. 누수의 우범지역인 자연 베란다와 우수관, 배수구, 건물 외벽의 크랙 유무를 주기적으로 점검해야 한다.

64

겨울철
동파 예방하기

발견은 준비된 사람이 맞닥뜨린 우연이다.
– 얼베르트 센트죄르지(Albert Szent –Gyorgyi)

꼬마빌딩 겨울철 동파는 사전에 대부분 예방할 수 있다

우리가 짓는 소규모 주택과 같은 꼬마빌딩이나 오피스 빌딩은 아파트와 다르게 겨울철 동파에 취약하다. 특히 주택의 경우 보일러실, 세탁실 등이 외부에 바로 맞닿아 있어 동파가 발생하기 쉽다. 일조권 제한으로 건물이 셋백(Setback)되어 있는 경우, 자연 베란다가 있어 겨울철 한파에 바로 노출되어 있기 때문이다.

겨울철 동파에 취약한 지점을 집중 관리하라

겨울철 동파는 일기예보를 확인해 사전에 공지하면 최소화할 수 있다. 보일러는 급수 밸브를 항상 열어놓고, 외출 시에도 보일러를 외출 모드로 상시 가동해줘야 한다. 한파 시 온수 밸브의 동파가 자주 발생하

자료 153 자연 베란다 외부　　　자료 154 보일러실 세탁기　　　자료 155 보일러 수도관

기에 이를 방지하기 위해 야간에도 온수를 미세하게 틀어놓는 것을 권한다. 세탁실이 외부와 맞닿아 있는 경우, 세탁기에 있는 잔수를 제거해서 내부 동파를 방지할 수 있다.

　동파 예방법을 사전에 공지해 대부분의 동파는 방지할 수 있다. 동파시 민원으로 현장 빙문 및 동바 수리 비용을 절감할 수 있다. 임대인은 민원에 따른 스트레스를 줄일 수 있고, 임차인은 한겨울에 불편을 줄일 수 있다.

[JAYHAUS 공지] 동파 예방 및 조치 방법

1. 보일러 동파 예방법

① 각 밸브 개방	② 전원 연결 유지	③ 보일러 외출 모드 설정	④ 온수 조금씩 틀어 놓기
난방 배관, 직·온수 배관, 가스 배관 및 분배기의 밸브를 모두 개방합니다.	전원 코드를 연결해 놓아야만 '자동 동결 방지' 기능이 작동합니다.	장시간 외출 시 보일러를 '외출 모드'로 설정합니다.	장시간 외출이나 자기 전, 약하게 '온수'를 틀어 놓습니다.

<출처 : 대성셀틱에너시스>

2. 보일러 동파 조치 방법

① 동파 확인 방법

온수 방향으로 물을 틀었을 때, 온수 방향으로 물 자체가 안 나올 경우
보일러 급수 배관 중간 밸브가 잠긴 상태가 아니라면 동결을 의심해야 합니다.

② 동파 조치 방법

보일러 본체 및 배관 중 왼쪽에서 세번째, 네번째 배관을 드라이기로 녹인다.
그래도 해빙이 되지 않을 경우 AS접수를 해서 확인이 필요합니다.

* 린나이AS : 1544-3651

3. 드럼세탁기 동파 예방법

1 수도꼭지 잠그기	2 드럼세탁기에 남아 있는 물 제거 하기	

① 시계방향으로 수도 꼭지를 잠근다 ② 급수 호스의 잔여 물을 모두 제거한다	① 드럼 세탁기 하단에 서비스커버를 연다. ② 잔수제거 레버를 돌려서 열어서 잔수를 뺀다.	

자료 156 겨울철 동파 예방(입주민 공지사항)

위반 건축물 딱지와 과태료는
건축주에게 평생 따라다닌다

위반 건축물이란 건축법 등에 위반 사항이 있는 건축물이다. 무확인 건축물 등 절차 규정을 위반한 건축물과 건폐율 위반과 같은 실제적인 규정을 위반한 건축물이 있다. 도심의 꼬마빌딩은 대부분 건폐율이나 일조권 위반의 경우가 많다.

위반 건축물의 대부분은 신축 시 사업 수익성을 높이기 위해 건축법을 지키지 않고 짓는 경우가 대부분이다. 주택을 예로 들면 자연 베란다 공간을 징크로 가벽을 세우게 되면, 투룸을 쓰리룸으로 공간 확장이 가능해서 임대 수익성이 높아지기 때문이다.

대표적인 위반 건축물 사례다.

지자체 및 관할 구청에서는 정기적으로 위반 건축물 점검을 한다. 최근에는 관할 구청들 간에 교차점검을 통해 타 구청 지역의 위반 건축물을 엄격하게 관리하고 있다.

위반 건축물은 건축주와 임차인 모두에게 불이익을 준다

첫째, 건축주는 강제 이행금이라는 벌금을 지자체에 평생 납부해야 한다. 건축법 제80조에서 강제이행금에 대한 규정을 하고 있다.

둘째, 위반 건축물의 경우 은행에서 대출 제한을 받는다. 세입자가 전세자금 대출이 안 되어 임대인이 세입자를 구하는 데 어려움이 발생하고, 이는 공실로 연결될 수도 있다.

셋째, 위반 건축물은 임대 사업자의 경우 보증보험 가입이 불가하다. 주택임대 사업자는 임차인의 보증금에 대해서 보증보험에 가입해야 한다. 하지만 위반 건축물일 경우, 주택보증공사에서 보증보험 가입 승인이 안 된다. 세입자는 전세금에 대해 보증을 받을 수 없어 깡통전세에 노출이 되고, 임대인은 보증보험 가입이 불가해 과태료 대상이 된다.

위반 건축물이 되는 것은 순식간이다

우리가 지은 상가건물에서 주택의 보일러실 패널 설치가 위반 건축물로 적발되었다. 우천 시 보일러 화재의 위험을 막기 위해 패널을 설치한 것이 화근이었다. 해당 위치는 일조권 사선제한으로 셋백(Set Back)한 자연 베란다 위에 설치된 패널이다.

관할 구청과 수차례 협의를 통해 최종 1㎡ 미만으로 패널을 수정 및 시정하기로 협의했다. 위반 건축물 해제는 건축주가 관할 구청과 협의한 사항대로 시정한 후 관할 구청 공무원의 입회하에 시정 결과를 확인하고 위반 건축물을 해제하게 된다.

자료 157 시정 후 사진

자료 158 시정 후 공무원 실사

66

연체 임차인에 대응하는 방법

실패로부터 배울 수 있다면
그 실패는 성공이다.
– 말콤 포브스(Malcolm Forbes)

꼬마빌딩 임대료 연체, 주택보다는 상가에서 자주 발생한다

꼬마빌딩 임대인에게 중요한 것은 시세차익과 더불어 꼬박꼬박 임대료가 입금되는 수익형 시스템을 유지하는 것이다. 하지만 현실은 계약 날짜에 맞춰서 입금되지 않는 경우가 허다하다. 현장에서 실제 임대 관리를 해보면 임대료의 입금 날짜는 제각각이고, 보통 1~2개월을 연체하는 경우가 많다.

주택의 경우는 거주하면서 생계를 꾸리는 집이기 때문에 월세 연체율이 적은 편이다. 문제는 상가다. 상가는 거주지가 아닌 사업장이기 때문에 장사가 안되면 바로 연체로 연결되는 경우가 많다. 2~3개월 이상 연체할 경우, 장기 연체로 갈 가능성이 크기 때문에 초기 대응이 무엇보

다 중요하다. 임차인의 상황에 따라서 법적인 조치를 준비하고 있어야
한다.

임대료 연체를 사전에 예방하기

계약을 기준으로 임대료 입금 일주일 전에 미리 임차인에게 정중하게 문자 등으로 알리는 것을 추천한다. 연체의 절반은 막을 수 있다. 임대료 독촉이 아닌 사전에 공유해줌으로써 임대인과 임차인이 서로의 계약 날짜를 확인하는 것이다.

1개월 이상 연체되면 내용증명을 준비하기

내용증명은 사실관계에 대한 내용을 우체국 등기로 보내면서 우체국 및 당사자 간에 보낸 사실을 증빙하는 것이다. 법적인 효력은 없지만, 당사자에게 상황의 심각성에 대해 알려주는 방법으로 효과가 있다. 내용증명에는 계약자인 당사자, 사실관계, 그리고 향후 조치에 관한 내용이 명확해야 한다.

연속 2개월 이상 연체는 명도 소송도 고려해야 한다

상가임대차법에서 임차료를 3기 연체할 경우, 임대차계약을 해지할

수 있다. 하지만 임차인이 계속 차일피일 입금을 약속하면서 미룬다면 실제적인 계약해지는 어렵다. 명도 소송을 준비해야 하는 단계다. 임대 보증금이 적을 경우(통상 명도 소송은 집행까지 1년 정도 소요), 고스란히 임대인의 손해로 이어진다. 따라서 2개월 연속 연체 시 명도 소송을 할 준비를 해야 한다.

명도 소송 TIP

명도 소송 전에 점유이전금지가처분을 먼저 해야 한다

명도 소송은 임차인을 법의 집행력으로 강제 퇴거시키는 것이다. 따라서 임차인이 집행일까지 바뀌면 안 된다. 소송에 승소하더라도 나중에 명도 집행이 되었는데 다른 사람이 있거나 기존 임차인이 제삼자와 재계약을 하게 되면 집행을 할 수 없게 된다. 점유이전금지가처분을 통해서 해당 부동산의 임차인인 점유자가 점유 이전을 못 하게 하는 것이다.

명도 소송은 최종 집행까지 1년 이상 소요되기 때문에 시간과 금전적으로 임대인에게 피해를 줄 수 있다. 바람직한 것은 명도 집행 전에 임차인과 원활히 합의하는 것이 바람직하다.

67

꼬마빌딩 건물주,
투자의 끝이 아닌 시작이다

> 큰 재산을 만들기 위해서는 대담함과 용의주도한 신중함이 있어야 하고,
> 재산을 만들어 그것을 유지하는 데는 재산을 만들기까지 쏟은 힘의
> 몇 배나 더 큰 대담함과 신중함이 필요하다.
> – 랠프 왈도 에머슨(Ralph Waldo Emerson)

강남 건물주는 어떤 삶을 살고 있을까? 행복한 모습일까? 월세 받으면서 여유 있는 삶을 살고 있을까? 강남 꼬마빌딩을 임장하면서, 그리고 꼬마빌딩을 신축하는 동안 늘 머릿속에 드는 궁금증이었다.

강남 꼬마빌딩 건물주는 임차인보다 더 검소하다

그런데 강남구 개포동에서 본 건물주들의 모습은 우리의 예상과 달랐다. 드라마에서처럼 고급 자동차를 타고 다니면서 여유를 즐기는 사람들이 아니었다. 대부분 임차인보다 더 검소한 사람들이었다. 경제적 자유를 목표로 꼬마빌딩을 신축했는데, 전보다 더 지출과 소비를 관리하는 이유는 뭘까? 그것은 아마도 자산 규모가 커지면서 항상 리스크를

대비하고 겸손해야 하는 것을 현장에서 배웠기 때문이다.

미래의 꼬마빌딩 건물주에게 꼭 알려주고 싶은 것들이다.

꼬마빌딩 건물주의 행복은 본인에게 달려 있다

꼬마빌딩 신축이라는 대형 프로젝트를 마무리하면, 건물주와 임대인이라는 새로운 모험의 여정이 시작된다. 이때부터 진정한 건물주의 삶이 시작된다. 세입자와 소통, 시설물 관리와 각종 세금 및 건물과 관련된 모든 것을 모니터링하고 관리해야 한다. 신축 후 4년 가까이 건물 관리를 직접 해보면서 느낀 점은 건물주의 마인드에 따라 모든 것이 결정된다는 것이다.

임차인과 먼저 소통하고, 임차인의 입장에서 배려하라

기본적으로 임대인과 임차인은 단순히 임대료만 주고받는 관계가 아니다. 임대인에게는 임대 사업의 고객이다. 손님의 관점에서 바라봐야 한다. 공생관계에 있는 것이다.

건물 관리, 혼자가 아닌 팀으로 해라

건물 관리는 건물주 혼자서 해결하려는 순간, 불행이 시작된다. 혼자 하려고 하지 말고 각 분야의 전문가로 팀을 구성해서 대응해야 한다. 임대계약, 세대별 하자 수리, 건물 시설 관리, 건물 청소, 기타 민원 대응 등 각 방면의 전문가들과 네트워크를 형성해 한 팀으로 관리해야 건물주로서의 삶에 여유가 생긴다.

꼬마빌딩 임대업도 서비스업이다

꼬마빌딩 임대업은 임차인에게 주택 및 상가의 사용공간을 제공하는 서비스업이라고 생각해야 한다. 고객에게 서비스하는 관점에서 접근해야 한다. 그렇지 않으면 임대업 자체가 노동으로 바뀌게 되고 돈을 좇게 된다.

건물 관리의 사소한 것이라도 놓치지 마라. 큰 비용으로 돌아온다

임차인의 피드백을 세심하게 모니터링해서 향후 발생할 수 있는 하자나 건물의 문제점에 대해서 미리 대비하는 것 좋다. 예를 들면, 세대에서 싱크대 물이 내려가는 속도가 늦다는 의견이 있어 오수관을 점검한 결과, 오수관에 기름때가 많이 막혀 있었고, 오수관 청소를 통해 문제점을 해결한 적이 있다. 모든 문제는 발생하기 전에 처리해야 가장 적은 비용이 든다는 것을 명심해야 한다.

부동산 호황일 때, 불황을 대비해야 한다

꼬마빌딩은 아파트보다 자산과 부채 규모가 크다. 금수저가 아닌 경우, 직장인들은 은행의 레버리지를 활용하기 때문에 금리에 영향을 많이 받는다.

우리가 꼬마빌딩을 매입한 2018년 대비 미국의 기준 금리는 최단 기간에 3%가 인상되었다. 시장의 어떤 전문가도 예상하지 못한 상황이다. 금리는 임대수익에 영향을 주기 때문에 저금리 시장에서는 금리가 높은 시기가 올 것을 대비해야 한다. 호황기일 때는 불황일 때를 준비해야 하는 것이다. 일희일비하지 말고 항상 겸손을 유지해야 하는 이유다. 강남

꼬마빌딩에 투자하고, 꼬마빌딩을 신축하면서 배운 것 중 가장 큰 교훈
이다. 꼬마빌딩 신축이 끝이 아니라 자산가가 되는 시작점인 이유다.

나는 회사 다니면서
강남 꼬마빌딩 지었다

제1판 1쇄 2023년 8월 7일

지은이 조르바
펴낸이 한성주
펴낸곳 ㈜두드림미디어
책임편집 최윤경, 배성분
디자인 김진나(nah1052@naver.com)

㈜두드림미디어
등 록 2015년 3월 25일(제2022-000009호)
주 소 서울시 강서구 공항대로 219, 620호, 621호
전 화 02)333-3577
팩 스 02)6455-3477
이메일 dodreamedia@naver.com(원고 투고 및 출판 관련 문의)
카 페 https://cafe.naver.com/dodreamedia

ISBN 979-11-93210-09-3 (03320)